Contemporánea

Mario Vargas Llosa nació en Arequipa, Perú, en 1936. Aunque había estrenado un drama en Piura y publicado un libro de relatos, *Los jefes*, que obtuvo el Premio Leopoldo Alas, su carrera literaria cobró notoriedad con la publicación de *La ciudad y los perros*, Premio Biblioteca Breve (1962) y Premio de la Crítica (1963). En 1965 apareció su segunda novela, *La Casa Verde*, que obtuvo el Premio de la Crítica y el Premio Internacional Rómulo Gallegos. Posteriormente ha publicado piezas teatrales (*La señorita de Tacna*, *Kathie y el hipopótamo*, *La Chunga*, *El loco de los balcones*, *Ojos bonitos, cuadros feos* y *Las mil noches y una noche*), estudios y ensayos (como *La orgía perpetua*, *La verdad de las mentiras*, *La tentación de lo imposible*, *El viaje a la ficción* y *La civilización del espectáculo*), memorias (*El pez en el agua*), relatos (*Los cachorros*) y, sobre todo, novelas: *Conversación en La Catedral*, *Pantaleón y las visitadoras*, *La tía Julia y el escribidor*, *La guerra del fin del mundo*, *Historia de Mayta*, *¿Quién mató a Palomino Molero?*, *El hablador*, *Elogio de la madrastra*, *Lituma en los Andes*, *Los cuadernos de don Rigoberto*, *La Fiesta del Chivo*, *El Paraíso en la otra esquina*, *Travesuras de la niña mala* y *El sueño del celta*. Ha obtenido los más importantes galardones literarios, desde los ya mencionados hasta el Premio Cervantes, el Príncipe de Asturias, el PEN/Nabokov, el Grinzane Cavour, el Premio Nobel de Literatura 2010 y el Premio Internacional Carlos Fuentes a la Creación Literaria. Su última novela es *El héroe discreto* (2013).

www.mvargasllosa.com

Mario Vargas Llosa

La tentación de lo imposible
Victor Hugo y *Los Miserables*

DEBOLS!LLO

Primera edición en Debolsillo: junio, 2015

© 2004, Mario Vargas Llosa
© 2015, Penguin Random House Grupo Editorial, S.A.U.
Travessera de Gràcia, 47-49. 08021 Barcelona

Printed in Spain – Impreso en España

ISBN: 978-84-9062-621-4
Depósito legal: B-11.989-2015

Impreso en Liberdúplex, Sant Llorenç d'Hortons (Barcelona)

P 626214

Penguin
Random House
Grupo Editorial

En una versión abreviada, este ensayo fue materia del curso que dicté en la Universidad de Oxford, en abril y mayo de 2004, como *Weidenfeld Visiting Professor in European Comparative Literature*. Dejo constancia de mi agradecimiento a Lady y Lord Weidenfeld, al doctor Nigel Bowles, Acting Principal, y a todos los *fellows* de St. Anne's College por su hospitalidad, al profesor John King, amigo y traductor, y a todas las personas que con su presencia, preguntas y observaciones hicieron de aquellas clases, para mí, una estimulante experiencia intelectual.

*A Albert Bensoussan,
el mejor de los traductores
y el más leal de los amigos.*

«La más homicida y la más terrible
de las pasiones que se puede infundir a las
masas, es la pasión de lo imposible.»

LAMARTINE, en su ensayo
sobre *Los Miserables*

Prólogo

Victor Hugo, océano

El invierno, en el internado del Colegio Militar Leoncio Prado, de Lima, ese año de 1950, era húmedo y ceniza, la rutina atontadora y la vida algo infeliz. Las aventuras de Jean Valjean, la obstinación de sabueso de Javert, la simpatía de Gavroche, el heroísmo de Enjolras, borraban la hostilidad del mundo y mudaban la depresión en entusiasmo en esas horas de lectura robadas a las clases y a la instrucción, que me trasladaban a un universo de flamígeros extremos en la desdicha, en el amor, en el coraje, en la alegría, en la vileza. La revolución, la santidad, el sacrificio, la cárcel, el crimen, hombres superhombres, vírgenes o putas, santas o perversas, una humanidad atenta al gesto, a la eufonía, a la metáfora. Era un gran refugio huir allí: la vida espléndida de la ficción daba fuerzas para soportar la vida verdadera. Pero la riqueza de la literatura hacía también que la realidad real se empobreciera.

¿Quién fue Victor Hugo? Después de haber pasado los dos últimos años sumergido en cuerpo y alma en sus libros y en su época, ahora sé que no lo sabré nunca. Jean-Marc Hovasse, el más meticuloso de sus biógrafos hasta la fecha —su biografía está aún inconclusa—, ha calculado que un apasionado bibliógrafo del bardo romántico, leyendo catorce horas diarias, tardaría unos veinte años en agotar sólo los libros dedicados al autor de *Los Miserables* que se hallan en la Biblioteca Nacional de París. Porque Victor Hugo es, después de Shakespeare, el autor occidental que ha generado más estudios literarios, análisis filológicos, ediciones críticas, biografías, traducciones y adaptaciones de sus obras en los cinco continentes.

¿Cuánto tardaría aquel titánico lector en leer las obras completas del propio Victor Hugo, incluyendo los millares de cartas, apuntes, papeles y borradores todavía inéditos que pululan por las bibliotecas públicas y privadas y los anticuarios de medio mundo? No menos de diez años, siempre y cuando esa lectura fuera su única y obsesiva dedicación en la vida. La fecundidad del poeta y dramaturgo emblemático del romanticismo en Francia produce vértigo a quien se asoma a ese universo sin fondo. Su precocidad fue tan notable como su capacidad de trabajo y esa terrible facilidad con que las rimas, las imágenes, las antítesis, los hallazgos geniales y las cursilerías más sonoras salían de su pluma. Antes de cumplir quince años había escrito ya millares de versos, una ópera cómica, el melodrama en prosa *Inez de Castro*, el borrador de una tragedia en cinco actos (en verso) *Athélie ou les Scandinaves*, el poema épico *Le Déluge* y bosquejado centenares de dibujos. En una revista que editó de adolescente con sus hermanos Abel y Eugène y que duró apenas año y medio, publicó 112 artículos y 22 poemas. Mantuvo este ritmo enloquecido a lo largo de esa larga vida —1802-1885— que abraza casi todo el siglo XIX y dejó a la posteridad una montaña tal de escritos que, sin duda, nadie ha leído ni leerá nunca de principio a fin.

Parecería que la vida de alguien que generó toneladas de papel borroneadas de tinta fuera la de un monje laborioso y sedentario, confinado los días y los años en su escritorio y sin levantar la cabeza del tablero donde su mano incansable fatigaba las plumas y vaciaba los tinteros. Pero no, lo extraordinario es que Victor Hugo hizo en la vida casi tantas cosas como las que su imaginación y su palabra fantasearon, pues tuvo una de las más ricas y aventureras existencias de su tiempo, en el que se zambulló a manos llenas, arreglándoselas siempre con olfato genial para estar en el centro de la historia viva como protagonista o testigo de excepción. Sólo su vida amorosa es tan intensa y variada que causa asombro (y cierta envidia, claro está). Llegó virgen a su matrimonio con Adèle Foucher, a los veinte años, pero desde la misma noche de bodas comenzó a recuperar el tiempo perdido. En los muchos años que le quedaban perpetró innumerables proezas amorosas con imparcialidad democrática, pues se acostaba con damas de toda condición —de marquesas a sirvientas, con una cierta preferencia por estas últimas en sus años provectos— y sus biógrafos, esos *voyeurs*, han descubierto que pocas semanas antes de morir, a sus 83 años, escapó de su casa para hacer el amor con una antigua camarera de su amante perenne, Juliette Drouet.

No sólo alternó con toda clase de seres vivientes, aguijoneado como estaba siempre por una curiosidad universal hacia todo y hacia todos; acaso el más allá, la trascendencia, Dios, lo preocuparon todavía más que las criaturas de este mundo, y sin ánimo humorístico se puede decir de este escritor con los pies tan bien asentados en la tierra y en la carne, que, más todavía que poeta, dramaturgo, narrador, profeta, dibujante y pintor, llegó a creerse un teólogo, un vidente, un develador de los misterios del trasmundo, de los designios más recónditos del Ser Supremo y su magna obra, que según él no es la creación y redención del hombre, sino el perdón de Satán. En su intención, *Los Miserables* no fue una novela de aventuras, sino un tratado religioso.

Su comercio con el más allá tuvo una etapa entre truculenta y cómica, todavía mal estudiada: por dos años y medio practicó el espiritismo, en su casa de Marine Terrace, en Jersey, donde pasó parte de sus diecinueve años de exilio. Al parecer, lo inició en estas prácticas una médium parisina, Delphine de Girardin, que vino a pasar unos días con la familia Hugo en esa isla del Canal. La señora Girardin compró una mesa apropiada —redonda y de tres patas— en Saint-Hélier, y la primera sesión tuvo lugar la noche del 11 de septiembre de 1853. Luego de una espera de tres cuartos de hora, compareció Leopoldine, la hija de Victor Hugo fallecida en un naufragio. Desde entonces y hasta diciembre de 1854 se celebraron en Marine Terrace innumerables sesiones —asistían a ellas, además del poeta, su esposa Adèle, sus hijos Charles y Adèle y amigos o vecinos— en las que Victor Hugo tuvo ocasión de conversar con Jesucristo, Mahoma, Josué, Lutero, Shakespeare, Molière, Dante, Aristóteles, Platón, Galileo, Luis XVI, Isaías, Napoleón (el grande) y otras celebridades. También con animales míticos y bíblicos como el León de Androcles, la Burra de Balam y la Paloma del Arca de Noé. Y entes abstractos como la Crítica y la Idea. Esta última resultó ser vegetariana y manifestó una pasión que encantaría a los fanáticos del Frente de Defensa Animal, a juzgar por ciertas afirmaciones que comunicó a los espiritistas valiéndose de la copa de cristal y las letras del alfabeto: «La gula es un crimen. Un paté de hígado es una infamia... La muerte de un animal es tan inadmisible como el suicidio del hombre».

Los espíritus manifestaban su presencia haciendo saltar y vibrar las patas de la mesa. Una vez identificada la visita trascendente, comenzaba el diálogo. Las respuestas del espíritu eran golpecillos que correspondían a las letras del alfabeto (los aparecidos sólo hablaban francés). Victor Hugo pasaba horas de horas —a veces, noches enteras— transcribiendo los diálogos. Aunque se han publicado algunas recopilaciones de estos «documentos mediúmnicos», quedan aún cientos de páginas inéditas que deberían figurar de pleno derecho entre las obras del poeta, aunque sólo fuera porque todos los espíritus con los que dialoga coinciden a pies juntillas con sus convicciones políticas, religiosas y literarias, y comparten su desenvoltura retórica y sus manías estilísticas, además de profesar por él la admiración que exigía su egolatría.

Es difícil imaginar hoy la extraordinaria popularidad que llegó a tener Victor Hugo en su tiempo en todo el orbe occidental y aún más allá. Su talento precoz de poeta lo hizo conocido del medio literario e intelectual cuando era todavía adolescente, y, luego, sus obras de teatro, sobre todo a partir del estreno tumultuoso de *Hernani*, el 25 de febrero de 1830, que marca de manera simbólica el nacimiento del movimiento romántico en

Francia, hicieron del joven dramaturgo una figura célebre, sólo comparable a lo que son en nuestros días ciertos cantantes o artistas de cine. Sus novelas, principalmente *Nuestra Señora de París*, y más tarde *Los Miserables*, acrecentaron de manera geométrica el número de sus lectores y desbordaron el marco francés e invadieron otras lenguas, en las que pronto Quasimodo o Jean Valjean se hicieron tan famosos como en Francia. A la vez que su prestigio literario, su activa participación política, como representante en el parlamento y como orador, comentarista y polemista de actualidad, fue consolidando su prestigio con una aureola de referente cívico, conciencia política y moral de la sociedad. En sus diecinueve años y pico de exilio esta imagen de gran patriarca de las letras, de la moral pública y de la vida cívica alcanzó ribetes legendarios. Su retorno a Francia, el 5 de septiembre de 1870, con la instauración de la República, fue un acontecimiento multitudinario, sin precedentes, con participación de millares de parisinos que lo aclamaban, muchos de ellos sin haber leído siquiera una línea de sus obras. Esta popularidad seguiría creciendo, sin tregua, hasta el día de su muerte y por eso toda Francia, toda Europa, lo lloraron. París entero, o poco menos, se volcó a seguir su cortejo fúnebre, en una demostración de afecto y solidaridad que desde entonces sólo ciertos estadistas o dirigentes políticos han conseguido. Cuando murió, en 1885, Victor Hugo se había convertido en algo más que un gran escritor: en un mito, en la personificación de la República, en símbolo de su sociedad y de su siglo.

España y lo español desempeñaron un papel central en la mitología romántica europea, y en Victor Hugo más que en ningún otro escritor de su época. Aprendió el español a los nueve años, antes de viajar a España, en 1811, con su madre y sus dos hermanos para reunirse con su padre, uno de los generales lugartenientes de José Bonaparte. Tres meses antes del viaje, el niño recibió sus primeras clases de ese idioma con el que, más tarde, aderezaría poemas y dramas, y que aparece en *Los Miserables*, en la cancioncilla idiosincrática que le canta el bohemio Tholomyès a su amante Fantine: «Soy de Badajoz / Amor me llama / Toda mi alma / Es en mis ojos / Porque enseñas / A tus piernas» (sic). En Madrid estuvo interno unos meses en el Colegio de los Nobles, en la calle Hortaleza, regentado por religiosos. Victor y Abel fueron exceptuados de ayudar a misa, confesarse y comulgar porque su madre, que era volteriana, los hizo pasar por protestantes. En ese tétrico internado, afirmaría más tarde, pasó frío, hambre y tuvo muchas peleas con sus compañeros. Pero en esos meses aprendió cosas sobre España y la lengua española que lo acompañaron el resto de su vida y fertilizaron de manera notable su inventiva. Al regresar a Francia, en 1812, vio por primera vez un patíbulo, y la imagen del hombre al que iban a dar garrote, montado de espaldas sobre un asno, rodeado de curas y penitentes, se le grabó con fuego en la memoria. Poco después, en Vitoria, divisó en una cruz los restos de un hombre descuartizado, lo que lo impulsaría, años más tarde, a hablar con horror de la ferocidad de las represalias del ocupante francés contra los resistentes. Es posible que de estas experiencias de infancia naciera su rechazo a la pena de muerte, contra la que luchó sin descanso, la única convicción política a la que fue absolutamente fiel a lo largo de toda su vida.

El español no sólo le sirvió para impregnarse de leyendas, historias y mitos de un país en el que creyó encontrar aquel paraíso de pasiones, sentimientos, aventuras y excesos desorbitados con el que soñaba su calenturienta imaginación; también, para disimular a los ojos ajenos las notas impúdicas que registraba en sus cuadernos secretos, no por exhibicionismo, sino por ese prurito enfermizo de llevar cuenta minuciosa de todos sus gastos, que nos permite, ahora, saber con una precisión inconcebible en cualquier otro escritor cuánto ganó y cuánto gastó a lo largo de toda su vida Victor Hugo (murió rico).

El profesor Henri Guillemin ha descifrado, en un libro muy divertido, *Hugo et la sexualité*, aquellos cuadernos secretos que llevó Victor Hugo en Jersey y Guernesey, en los años de su exilio. Unos años que, por razones obvias, algunos comentaristas han bautizado «los años de las sirvientas». El gran vate, pese a haberse llevado consigo a las islas del Canal a su esposa Adèle y a su amante Juliette, y a entablar esporádicas relaciones íntimas con damas locales o de paso, mantuvo un constante comercio carnal con las muchachas del servicio. Era un comercio en todos los sentidos de la palabra, empezando por el mercantil. Él pagaba las prestaciones de acuerdo a un esquema estricto. Si la muchacha se dejaba sólo mirar los pechos recibía unos pocos centavos. Si se desnudaba del todo, pero el poeta no podía tocarla, cincuenta centavos. Si podía acariciarla sin llegar a mayores, un franco. Cuando llegaba a aquellos excesos, en cambio, la retribución podía llegar a franco y medio y alguna tarde pródiga ¡a dos francos! Casi todas estas indicaciones de los carnets secretos están escritas en español para borrar las pistas. El español, el idioma de la transgresión, de lo prohibido y el pecado, del gran romántico, quién lo hubiera dicho. Algunos ejemplos: «E. G. Esta mañana. Todo, todo», «Mlle. Rosiers. Piernas», «Marianne. La primera vez», «Ferman Bay. Toda tomada. 1fr.25», «Visto mucho. Cogido todo. Osculum», etcétera.

¿Hacen mal los biógrafos explorando estas intimidades sórdidas y bajando de su pedestal al dios olímpico? Hacen bien. Así lo humanizan y rebajan a la altura del común de los mortales, esa masa con la que está también fraguada la carne del genio. Victor Hugo lo fue, no en todas, pero sí en algunas de las obras que escribió, como *Nuestra Señora de París*, *Cromwell* y sobre todo *Los Miserables*, una de las más ambiciosas empresas literarias del siglo XIX, ese siglo de grandes deicidas, como Tolstoi, Dickens, Melville y Balzac. Pero también fue un vanidoso y un cursi y buena parte de lo mucho que escribió es hoy palabra muerta, literatura circunstancial. (André Breton lo elogió con maldad, diciendo de él: «Era surrealista cuando no era *con* (un idiota)». Pero la definición más bonita de él la hizo Jean Cocteau: «Victor Hugo era un loco que se creía Victor Hugo».)

En la casa de la Plaza de los Vosgos donde vivió hay un museo dedicado a su memoria, donde se puede ver en una vitrina un sobre dirigido a él que llevaba como única dirección: «Mr. Victor Hugo. Océan». Y ya era tan famoso que la carta llegó a sus manos. Aquello de océano le viene de perillas, por lo demás. Eso fue: un mar inmenso, quieto a ratos y a veces agitado por tormentas sobrecogedoras, un océano habitado por hermosas bandadas de delfines y por crustáceos sórdidos y eléctricas anguilas, un infinito maremágnum de aguas encrespadas donde conviven lo mejor y lo peor —lo más bello y lo más feo— de las creaciones humanas.

Lo que más nos admira en él es la vertiginosa ambición que delatan algunas de sus realizaciones literarias y la absoluta convicción que lo animaba de que la literatura que salía de su pluma no era sólo una obra de arte, una creación artística que enriquecería espiritualmente a sus lectores, dándoles un baño de inefable belleza. También que, leyéndolo, profundizarían en su comprensión de la naturaleza y de la vida, mejoraría su conducta cívica y su adivinación del arcano infinito: el más allá, el alma trascendente, Dios. Esas ideas pueden parecernos hoy ingenuas: ¿cuántos lectores creen todavía que la literatura puede revolucionar la existencia, subvertir a la sociedad y ganarnos la vida eterna? Pero leyendo *Los Miserables*, sumidos en el vértigo de ese remolino en el que parece atrapado todo un mundo en su infinita desmesura y en su mínima pequeñez, es imposible no sentir el escalofrío que produce la intuición del atributo divino, la omnisciencia.

¿Nos hace mejores o peores incorporar a nuestra vida la ficción, tratar de incrustarla en la historia? Es difícil saber si las mentiras que urde la imaginación ayudan al hombre a vivir o contribuyen a su infortunio al revelarle el abismo entre la realidad y el sueño, si adormecen su voluntad o lo inducen a actuar. Hace algunos siglos, a un manchego cincuentón, las novelas a que era tan aficionado le enajenaron la percepción de la realidad y lo lanzaron al mundo —que él creía igual al de las ficciones— en pos de honor, gloria y aventura, con el resultado que sabemos. Sin embargo, las burlas y desventuras que padeció Alonso Quijano por culpa de las novelas, no lo han hecho un personaje digno de conmiseración. Por el contrario, en su imposible designio de vivir la ficción, de modelar la realidad en concierto con su fantasía, el personaje de Cervantes fijó un paradigma de generosidad e idealismo a la especie humana. Sin llegar a los extremos de Alonso Quijano, es posible que las novelas inoculen también en nosotros una insatisfacción de lo existente, un apetito de irrealidad que influya en nuestras vidas de la manera más diversa y ayude a moverse a la humanidad. Si llevamos tantos siglos escribiendo y leyendo ficciones, por algo será. Yo sé que aquel invierno del año 50, con uniforme, garúa y neblina, en lo alto del acantilado de La Perla, gracias a *Los Miserables* la vida fue para mí mucho menos miserable.

Lima, 14 de junio de 2004

I. El divino estenógrafo

El personaje principal de *Los Miserables* no es monseñor Bienvenu, ni Jean Valjean, ni Fantine, ni Gavroche, ni Marius, ni Cosette, sino quien los cuenta y los inventa, ese narrador lenguaraz que está continuamente asomando entre sus criaturas y el lector. Presencia constante, abrumadora, a cada paso interrumpe el relato para opinar, a veces en primera persona y con un nombre que quiere hacernos creer es el del propio Victor Hugo, siempre en alta y cadenciosa voz, para interpolar reflexiones morales, asociaciones históricas, poemas, recuerdos íntimos, para criticar a la sociedad y a los hombres en sus grandes designios o en sus pequeñas miserias, para condenar a sus personajes o ensalzarlos. Con frecuencia nos asegura que él es apenas el obediente escribano de una historia anterior a la novela, cierta como la vida y verdadera como la misma verdad, que lo precede, lo anula y lo trasciende, a él, simple intermediario, mero copista de lo real. ¡Qué cuentanazo! En verdad, él es el astuto hacedor y la figura estelar de esta grandiosa mentira, fraguada de pies a cabeza por su fantasía y dotada de vida y verdad no por sus semejanzas con una realidad preexistente, sino por la fuerza de la inspiración de quien la escribe y el poder de sus palabras, por las trampas y sortilegios de su arte.

¿Cómo es este narrador? Sus características más saltantes son la omnisciencia, la omnipotencia, la exuberancia, la visibilidad, la egolatría. Sabe todas las cosas que ocurren durante el tiempo de la novela —esos dieciocho años que van desde el crepúsculo de octubre de 1815, en que el ex forzado Jean Valjean entra a la inhóspita ciudad de Digne, hasta el anochecer de 1833 en que el mismo Jean Valjean muere, en su casita de la rue de l'Homme-Armé, rodeado de Marius y Cosette, bajo el resplandor de los candelabros del obispo Myriel—, y sabe también lo que ha ocurrido antes —cómo fue la batalla de Waterloo, por ejemplo, o la historia del convento de la rue Picpus— y lo que sucederá después que ella termine, los trastornos urbanísticos que experimentará París o el momento, lejano en el futuro, en que la Orden de la Adoración Perpetua, que por cinco años asiló a Jean Valjean y Cosette, entrará en decadencia y se extinguirá.

Sabe todas las cosas y tiene una necesidad compulsiva de decirlas, de mostrar, tomándose el tiempo que haga falta, su caudalosa sabiduría. En pocas ficciones se puede advertir tan claramente como en *Los Miserables* la congénita vocación de la novela a crecer, a proliferar, a durar. La historia del manuscrito es la de un progresivo engordamiento, la de una inflación de palabras, personajes y anécdotas. Los críticos señalan que la diferencia mayor entre la primera versión, escrita en París entre 1845 y 1848 —*Les Misères*— y la definitiva, compuesta en el exilio de Guernesey, entre 1860 y 1862, es política y consiste en la evolución de Hugo, que, de monárquico, constitucionalista y liberal pasó a ser un republicano con ribetes radicales y socializantes, lo que se refleja en los cambios que, de una a otra versión, sufren las ideas políticas de Marius y la luz favorable con que en *Los Miserables* aparecen los insurrectos que se hacen matar junto a Enjolras en la barricada de la Chanvrerie. En realidad, la diferencia capital entre uno y otro texto es, aún más que de ideología, de número. La revisión que hace Hugo del manuscrito es sobre todo de añadidos y ampliaciones. Lo que en su origen era una historia más o menos compacta —la del ex presidiario Jean Valjean que, ganado para el bien por la bondad del obispo Myriel, se redime y eleva en la escala moral a alturas insospechadas, después de un martirologio civil—, se convierte, doce años después, en una selva: a la historia central se injertan otras, independientes o parásitas, y múltiples digresiones filosóficas, sociales y religiosas. Este crecimiento es a ratos desproporcionado, anárquico; entre tantas idas y venidas el hilo de la acción por momentos se extravía y la atención del lector se diluye a veces por la abundancia de comentarios. Y, sin embargo, precisamente debido a su naturaleza torrencial, émula del vértigo de la vida, *Los Miserables*, con sus ingenuidades y sensiblerías, sus efectos de época y sus impericias de folletín, nos sigue pareciendo a los lectores, desde que el libro se publicó, una de las más memorables historias que haya producido la literatura.

El eje en que se apoya y gira esta desmesurada narración es el narrador, tan desmesurado como ella. La ambición del libro es la de él. Sus pretensiones son extraordinarias y gracias a ellas ha alcanzado su estatura esta colmena de aventuras, tan vasta que parece «real».

Pero, no lo es. Al contrario. Todo en ella es ficción, empezando por aquello que el narrador se empeña en presentarnos como «historia», «pedazo de vida», y terminando por el propio narrador, la invención más impetuosa de la novela, el personaje de psicología más compleja y actitud más versátil.

Omnisciente y exuberante, el narrador es también un narciso, un exhibicionista nato. No puede dejar de nombrarse, de citarse, de recordarnos que está ahí y que él decide lo que se cuenta y cómo se cuenta. Su silueta se antepone continuamente a la de los personajes hasta borrarlos. Sus artimañas para exhibirse son múltiples. La más común: la falsa modestia, decirnos que no quiere estar ahí o que esas opiniones que escuchamos son las de un personaje, no las suyas, como cuando Jean Valjean compara —Genet *avant la lettre*— la prisión y el convento, los presidiarios y las religiosas: «En lo dicho queda excluida toda teoría personal. Sólo somos el narrador y adoptamos el punto de vista de Jean Valjean, no hacemos más que traducir sus impresiones» (II, VIII, IX, p. 588).* Basta que lo diga para que no sea cierto; precisarnos su colocación es una manera de convertirse en el centro del relato, declararse inexistente, una forma flagrante de existir.

En ciertas ocasiones, el pretexto para manifestarse son escrúpulos de exactitud. Marius y Cosette se casan

---

* Todas las citas son tomadas de la edición de La Pléiade, Éditions Gallimard, París, 1951. A menos que se indique lo contrario, estas citas y todas las que aparecen en el libro son traducidas por mí. (*N. del A.*)

un 16 de febrero: «Ahora bien —se delata el narrador—, señalamos este detalle por la pura satisfacción de ser exactos, ocurre que el 16 era un Martes de Carnaval» (V, VI, I, p. 1.388). (Exactitud, por lo demás, inexacta: en la realidad real el 16 de febrero de ese año fue un sábado.) En otras, la intención es repasarle al lector una enseñanza que ya le impartió: «Como ya lo hemos explicado, en el primer amor uno se apodera del alma antes que del cuerpo, más tarde, del cuerpo antes que del alma, y a veces ni siquiera del alma…» (IV, VIII, VI, p. 1.046). En el caso del narrador, el «nosotros» no es signo de modestia sino de orgullo: emplea el plural mayestático igual que los reyes. Monarca absoluto del conocimiento, está enterado de los hechos y de sus motivaciones, de las causas mediatas e inmediatas, de los resortes psicológicos de las conductas, de los repliegues más tortuosos del espíritu, y con frecuencia siente la necesidad de suspender su relato para instruirnos sobre su ubicua sabiduría.

El peor error que podríamos cometer sería creerle al pie de la letra cuando habla de sí mismo, sobre todo cuando quiere convencernos de que es, apenas, alguien que oye y repite, un «estenógrafo»: «Los dos interlocutores parecían preocupados. Copiamos como podemos el diálogo que tuvo lugar» (II, VIII, III, p. 549). «Como podemos…» ¡Quien no te conozca que te compre, embaucador! Sus sutilezas para hacerse notar llegan a extremos inefables cuando, con coquetería musical, se exonera a sí mismo de las cacofonías de una frase atribuyéndoselas a una de sus criaturas: «Esta frase, en la que hay tantos "de", es del fiscal, escrita enteramente de su mano en la minuta…» (I, VIII, III, p. 302).

Además de omnisciente, el narrador es también alguien que lo puede todo y uno de los modos en que ejerce este poder es restringiendo a veces su omnisciencia para conseguir ciertos efectos, escamotear una incongruencia, provocar un suspenso o satisfacer su disposición narcisista: reflejarse en la ficción, contarse en lo que cuenta. En la novela ocurren algunos hechos que no están del todo claros y esto sucede así por la voluntad del narrador que ha decidido no saber ciertas cosas: «Uno de los libreros para quienes trabajaba, Monsieur de Magimel, creo...» (III, V, III, p. 702). Esta vez se trata de una duda; en otras, su ignorancia aparenta ser total. Cuando Jean Valjean se fuga de la cárcel de Montreuil-sur-mer donde lo ha encerrado Javert, aparece de pronto en su casa, junto a la vieja portera. ¿Cómo consiguió entrar en ese patio sin abrir la puerta cochera?, se pregunta el narrador. Hace algunas hipótesis, que descarta, para concluir: «Ese punto nunca se aclaró» (I, VIII, V, p. 310). Estos datos escondidos son meramente tácticos. A diferencia de lo que ocurre en una novela moderna, en la que, casi siempre, los datos suprimidos o descolocados persiguen dinamizar la historia, enriqueciéndola de vivencias, en *Los Miserables* las dudas, silencios e ignorancias de que hace gala el narrador quieren despertar la confianza del lector hacia su persona, persuadirnos de su probidad de relator que relata lo que sabe, lo que sabe a medias y lo que ignora. Él, siempre él, antes que los personajes y la historia. Como sus alardes de sabiduría, sus datos escondidos son técnicas para lograr la verosimilitud y ganar la aquiescencia del lector. En una novela de nuestros días, aquella credulidad sólo se obtiene a través de lo narrado (o, con más precisión, a través de un narrador disuelto en lo narrado). En *Los Miserables*, en cambio, el lector debe dar un voto de confianza al que narra, rendirse a sus ucases, aceptar su personalidad sobresaliente que desborda todo el tiempo lo narrado y hace de sus personajes un pedestal para apoyarse, de la acción un trono desde el cual gobernar.

Que las restricciones de su omnisciencia son elegidas queda patente, por lo demás, en aquellos episodios en los que el narrador se niega a describir ciertas cosas porque, nos dice, se lo prohíben sus principios. Esos enmudecimientos locuaces revelan la delicadeza o la ingenuidad, la nobleza o la pudibundez del narrador. Entre todos los paréntesis de la novela, el más sorprendente es aquel en el que se nos informa que, aunque el personaje que está hablando es tartamudo, el narrador no va a reproducir su tartamudeo pues le repugna ensañarse con una desgracia: «Ya dijimos de una vez por todas que Toussant tartamudeaba. Permítasenos no subrayarlo pues nos repugna reproducir musicalmente una enfermedad» (IV, V, III, p. 949). A estas alturas de la novela, ya conocemos demasiado sus amores y sus fobias, su fascinación por el exceso y su capacidad para ridiculizar a un personaje (a Monsieur Gillenormand, por ejemplo) para creer que no reproduce el tartamudeo de la vieja Toussant por una prevención moral. Lo más probable es que la razón verdadera sea estética, auditiva, que el tartamudeo irrite a ese oído que, en cambio, se deleita con los exotismos de la jerga carcelaria y que ama tanto las antítesis y las metáforas. Porque, junto con exhibirse, la pasión más encendida del narrador es la ecolalia, hablar, producir espectáculos sonoros, escucharse desplegando la habilidad que posee para manejar el lenguaje, coloreándolo, musicalizándolo, modelándolo en formas caprichosas y sonoras: *«Elle était sèche, rêche, revêche, pointue, épineuse, presque venimeuse…»* (I, V, VIII, p. 187). En otra ocasión: *«Je connais les trucs, les trocs, les trics et les tracs»* (II, VIII, VII, p. 575). Y, en otra: *«Cet être braille, raille, gouaille, bataille…»* (III, I, III, p. 593). Como éstas, hay muchas frases en el libro —y bastantes escritas en jerga— en las que lo plástico y lo musical prevalecen sobre lo semántico.

Prestidigitador de palabras, es muy capaz de hacer lo que dice que no hará y de no hacer lo que dice que hará. Según él, no es lícito que nos describa el aseo matutino de Cosette, ya que «En esto, contemplar es profanar» (V, I, X, p. 1.228). Pero al detallarnos los motivos por los que es tabú ojear la recámara de una virgen, hace una bella descripción del recinto vedado y de los ritos que allí se celebran. Algo idéntico pasa cuando Cosette y Marius se reencuentran, después de la odisea del joven en la barricada de la Chanvrerie y las cloacas de París: «Renunciamos a decir cómo fue esa entrevista. Hay cosas que no se pueden describir; el sol es una de ellas» (V, V, IV, p. 1.366). Pero, en realidad, la entrevista está descrita con todo lujo de detalles. Unos capítulos después, el narrador reincide, al referir la boda de la pareja: «No llevaremos al lector ni a la alcaldía ni a la iglesia…» (V, VI, I, p. 1.389). Pero nos lleva a ambos lugares y en el trayecto ocurren algunos episodios de la historia. Al lector ya no lo sorprenden estas contradicciones: hace rato que ha aceptado la dictadura del narrador, que se somete de buena gana a sus arbitrariedades y cambios de humor y que, al compás de su varita verbal, se entristece y alegra, sufre y se exalta, se intriga o se subleva.

Toda novela es un mundo convencional, cuyas convenciones deben ser aceptadas por el lector para que la historia viva. Estas convenciones llegan al lector de una novela moderna a través de lo narrado, como una emanación imperceptible, como un aura sutil. En *Los Miserables*, las convenciones las establece el narrador, comunicándoselas directamente al lector por sobre el hombro de los personajes y por entre los resquicios de lo contado. «Hay en mi función algo de sacerdotal. Yo reemplazo a la magistratura y a los curas. Yo juzgo, algo que no hacen los jueces; yo excomulgo, lo que no han hecho los sacerdotes.» Esta frase, encontrada entre los papeles de Victor Hugo y publicada por Henri Guillemin,[*] define lo que es y lo que hace el narrador de *Los Miserables*. Juzgar, excomulgar son, por lo demás, pretextos para hablar y maneras olímpicas de hacerlo. Quien juzga y condena no escucha, se escucha; no dialoga, monologa. Poderoso taumaturgo que recompone la realidad al ritmo de sus obsesiones gracias a su dominio de la palabra, ese verbo impetuoso, plegadizo, cadencioso, multicolor, escultórico, cuya magia él es el primero en paladear, el narrador de *Los Miserables* ha hecho a sus criaturas a su imagen y semejanza. Ellas también prefieren el discurso al diálogo, convierten a sus interlocutores en oyentes y al mundo en un auditorio que escucha, atento, dócil, esos monólogos

---

[*] Henri Guillemin, *Pierres*, Genève, 1951, p. 61.

en los que dan rienda suelta a la vocación más compartida de la sociedad ficticia: el palabrerío, la incontinencia verbal. Éste es uno de los ingredientes mayores del «elemento añadido» en la novela, una de las características propias, intransferibles, no tomadas de la realidad real por la realidad ficticia sino añadida a ella por el creador. Igual que el narrador, el hombre de la ficción es un ser gárrulo, cuya manera de comunicarse con los otros no es la conversación sino el recitado, la actuación. El personaje de *Los Miserables* predica, sentencia, rememora y, si tiene que dialogar, suele hacerlo consigo mismo, como Jean Valjean, autor de los dos diálogos más dramáticos de la novela: las crisis de conciencia que preceden al «affaire Champmathieu» y a la revelación que hace a Marius de su condición de galeote prófugo.

Muy distintos por su educación y costumbres, por su físico y atavío, por su posición social, los personajes de la novela emergen del discurso del narrador pronunciando discursos, idénticos a él en la propensión oratoria. Si hubiera que probar lo ingenuo que es medir el realismo de una novela por su parecido a la realidad real, habría que pedir a quienes han sostenido esa tesis para *Los Miserables* que escuchen a los personajes con atención y un cronómetro a la mano. ¿Es «realista» el larguísimo discurso de Combeferre en la barricada de la Chanvrerie (V, I, IV, pp. 1.207-1.209) que parece abolir la guerra callejera, a insurrectos y represores y al barrio entero del Faubourg du Temple? ¿Y esa interminable arenga de Jean Valjean, en las tinieblas parisinas, a Montparnasse, el rufiancillo que quiso arrebatarle la cartera? (IV, IV, II, pp. 939-942). ¿Y el chorro de elocuencia que se apodera de Grantaire en el «cabaret Corinthe»? (IV, XII, II, p. 1.114-1.118). ¿Por qué nadie los interrumpe, les tapa la boca, grita basta? Porque aunque en la realidad ficticia se violan muchas leyes, se acata universalmente la de dejar hablar a los otros para poder hablar uno mismo a sus anchas. Es por esta razón que, curiosamente, en una sociedad de gentes tan habladoras, tenemos la sensación de que nadie dialoga, de que la comunicación es pobre. El de *Los Miserables* es un mundo de personas confinadas en sus discursos, seres a quienes el frenesí oratorio ha vuelto solipsistas.

El ejemplo supremo de incomunicación debido a la garrulería es el abuelo de Marius. Aunque también en Gavroche hay humor —un humor callejero, tierno, pícaro—, el cómico de la novela es Monsieur Gillenormand, el burgués monárquico, el reaccionario visceral, el snob inflexible, el abuelo patético y reblandecido. Aunque en sus primeras apariciones lo oímos cruzar algunas palabras con su familia, a partir de su ruptura con Marius todas sus intervenciones consisten en largos, chisporroteantes monólogos en los que el anciano sólo quiere descargarse del río de palabras que lo ahoga. Sufra o goce, sus discursos no están nunca lejos de la bufonería y sus entradas y salidas son las más histriónicas de este mundo eminentemente teatral. La más jocosa de ellas es, sin duda, cuando, atragantándose con el nombre del poeta monárquico André Chénier, que no se atreve a mencionar para no herir la susceptibilidad republicana de su nieto, se lo vocifera al estupefacto Basque (V, V, III, p. 1.366). Todos los monólogos de Gillenormand fueron muy ampliados en la versión de 1860-1862, al punto de que el discurso del abuelo en la boda de Marius y Cosette es cuatro veces más largo que en *Les Misères* (V, VI, II, pp. 1.401-1.405).

Estos excesos no se explican únicamente por las posibilidades humorísticas que ofrecía al narrador Monsieur Gillenormand, gracias a su naturaleza farsesca. Sus payasadas son, en el fondo, algo muy serio. Expresan un aspecto capital de la sociedad ficticia: las convenciones, las modas establecidas, los lugares comunes de una clase social. Sus dichos y fórmulas, sus juicios y prejuicios, diseñan el «nivel retórico» de la novela. No lo que los personajes creen, sienten, aman y odian, sino lo que es de buen gusto decir que se cree, se siente, se ama o se odia en el salón, la tribuna, el paseo en el Boulevard o las líneas de una misiva, aquellos patrones intelectuales, morales, políticos y estéticos que ha fijado formalmente —retóricamente— a la sociedad la clase que tiene el poder de fijarlos. Estos patrones son retóricos, convencionales, en la práctica nadie los acata a plenitud. Monsieur Gillenormand no parece percatarse de ese abismo entre teoría y práctica, entre lo retórico y lo vivido, y eso lo convierte en el más divertido de los personajes; también, en el menos real dentro de la irrealidad de la ficción.

La vocación discursiva del narrador ha determinado otro rasgo del «elemento añadido» en *Los Miserables*: el transcurrir pausado, el tiempo lento. La descripción de los dieciocho años que abarca la historia es sumamente despaciosa; a veces tenemos la sensación de que ese tiempo cansado dejó de fluir, que la realidad ficticia se ha vuelto un mundo sin cronología, espacio puro e inmóvil. Esta impresión es particularmente fuerte en los cráteres de la novela, los episodios de máxima concentración de vivencias, como la emboscada de la «*masure* Gorbeau», la barricada de la Chanvrerie o el encuentro en las cloacas parisinas de Javert, Thénardier, Jean Valjean y Marius, que el narrador alarga, alarga, mantiene en el sitio, girando en un remolino de palabras. Esta lentitud impacienta al lector contemporáneo, acostumbrado a las novelas ceñidas, breves, rápidas, de nuestros días, en las que hay casi tantos datos escondidos como referidos, en las que el narrador narra tanto por omisión como por dicción. Sucede que en una novela moderna, salvo en los casos en que se trata de un narrador-personaje, el narrador es un dato escondido él mismo, una ausencia, un sobrentendido. En *Los Miserables*, no. Aunque es el personaje más destacado del libro, no forma parte de la historia, no está en ella por más que no pierda ocasión de lucirse entre los protagonistas. Ésta es una de las razones de la morosidad con que fluye la historia.

Y, sin embargo, si no fuera por esa cantidad de palabras, la novela no hubiera alcanzado la potencia que tiene. En plena corrección de pruebas del libro, Albert Lacroix, el joven editor belga que gracias a su audacia consiguió que Victor Hugo le confiara la edición, alarmado por la extensión del manuscrito, se atrevió a sugerir la supresión de ciertas «partes filosóficas». Victor Hugo se negó de manera tajante: «El drama rápido y ligero conseguiría un éxito de doce meses; el drama profundo significará un éxito de doce años», le respondió. Se quedó corto. Aunque en el curso de la lectura, la extensión de muchos episodios nos exaspere, sin sus larguras la novela no nos comunicaría su «drama profundo», no nos daría la impresión de un mundo completo, de una realidad configurada en su totalidad.

Totalidad es una palabra clave en el caso de la novela. Aspiración innata, ontológica, del género, en la novela lo cuantitativo se confunde con lo cualitativo en una curiosa dialéctica. La intensidad de un mundo narrativo, su riqueza psicológica, su complejidad anímica y social, dependen también, en dosis siempre difíciles de determinar, del factor numérico. La cantidad es uno de los ingredientes de la calidad novelística. En *Los Miserables*, el candor de su filosofía moral y social, el melodramatismo de muchos episodios, el simplismo psicológico de algunos personajes difícilmente impondrían su «realidad» al lector si éste, en el curso de la dilatada, parsimoniosa formación de la historia, no terminara por percibir que aquello no ocurre en nuestro mundo, sino «allí», en la ficción, un mundo menos complejo, imprevisible y escurridizo que el de la realidad real, pero tan extenso, numeroso, diverso, y dotado de una suma de leyes, ritos, maneras, modos de sentir y de expresarse, que, por su congruencia interna y su envolvente poderío verbal, lo persuaden de su «verdad».

La novela no daría esta ilusión si el narrador no convenciera al lector de que lo cuenta *todo*: «Como ésta es la historia de muchos espíritus de nuestro tiempo, creemos útil seguir todas sus fases, paso a paso, e indicarlas todas» (III, III, VI, p. 645). El narrador cumple fielmente esta regla de conducta, pormenorizando los hechos con lujo de detalles, y circundándolos de reflexiones que conciernen a lo que cuenta, al que cuenta y a su manera de contar. El aglutinante de esa masa de datos, ideas, imágenes, hechos, teorías, moralejas, no es la anécdota novelesca ni los personajes: es el narrador.

Algunos ejemplos de esta lentitud narrativa. Gavroche está llevando a esos dos chiquillos desamparados que ha encontrado en la calle (en realidad, sus hermanos) al elefante de la Bastille y el relato se detiene para que hable el narrador: «Que se me permita aquí una interrupción para recordar que estamos, en esto, en la simple realidad...». El paréntesis tiene más bien como consecuencia recordar al lector que no estamos en la realidad sino en la ficción, que entre su mundo y el de la novela hay un espacio infranqueable. El narrador refiere luego que, hace veinte años, los tribunales parisinos juzgaron a un niño sorprendido durmiendo en el mismo elefante de la Bastille, el refugio de Gavroche. Y luego de exponer esta prueba de la «realidad» de su historia, cierra el paréntesis con esta reverencia: «Comprobado este hecho, prosigamos» (IV, VI, II, p. 976). Él lo cuenta, él tiene pruebas y las muestra: él es el tronco del que pende el frondoso ramaje anecdótico y teórico, la floración de personajes e ideas, él quien funda y enlaza ese rico linaje. En plena acción revolucionaria del Faubourg du Temple la acción hace un alto y el narrador nos lleva a un remanso de paz, en el Luxemburgo. ¿Por qué corta de este modo uno de los más absorbentes sucesos? Él ya está ahí, exponiendo sus razones: «Porque la mirada del drama debe estar presente en todas partes» (V, I, XVI, p. 1.242). En la descripción de la barricada, poco antes, ha perpetrado otra intromisión en primera persona para hacernos saber que él también estuvo allí: «Me acuerdo de una mariposa blanca que iba y venía por la calle. El verano nunca abdica» (V, I, I, p. 1.199).

Estos paréntesis para que el narrador hable de cosas que le conciernen a él más que a la historia pronto se convierten en una manera de ser de la realidad ficticia, en otra de sus características, como que sus habitantes padezcan del vicio oratorio o que el tiempo discurra con prisas y largos intervalos de inmovilidad. El caudaloso narrador no deja casi que el lector ejerza la adivinación, la intuición, porque él mismo llena todos los blancos: lo dice *todo*. La descripción del convento del Petit-Picpus le da pretexto para hacer toda la historia de la Orden y para que el narrador exponga sus tesis heterodoxas sobre la religión y la fe —contra las oraciones y a favor de la plegaria, contra las religiones y a favor de «la» religión, contra la Iglesia y a favor de Dios— y nada de esto tendría que ver con la novela si él, denominador común, fuente nutricia de la historia, no estuviera allí para decirnos que la larga digresión tiene por objeto «completar, en el espíritu del lector, la fisonomía del convento» (II, VI, V, p. 512). Pocas páginas después, otro alto típico: «Al punto en el que hemos llegado en esta historia, es útil que hagamos un poco de fisiología del tío Fauchelevent» (II, VIII, I, p. 542).

El narrador cuenta la historia y su historia, lo que pasa y lo que el lector debe deducir de lo que pasa. En esta densa combinación de elementos diferentes —lo que pertenece al narrador y a lo narrado— radica lo más complejo y sutil de la novela. Gracias a esa mezcla difusa brota en el libro una ambigüedad que la historia misma no tiene. En repetidas ocasiones, el narrador nos asegura que cuenta una verdad, que la novela es una escrupulosa pintura de la experiencia real: «Los hechos que se van a referir pertenecen a esa realidad dramática y viviente que a veces el historiador desdeña, por falta de tiempo y de espacio. En ellos, sin embargo —insistimos en repetirlo—, hay vida, palpitación, temblor humano. Los pequeños detalles, creo que ya lo dijimos, son algo así como la hojarasca de los grandes acontecimientos...» (IV, X, II, p. 1.081).

Grandes y bellas palabras y, no hay duda, el narrador se las cree. Nosotros no podemos creerlas. Los hechos que nos cuenta no son la verdad, la vida, la historia. Son «la verdad», «la vida», «la historia» de la novela: de una mentira. Pero él ha logrado algo más atrevido que lo que pretendía: no un retrato fidedigno sino una recreación de la vida tan infiel como persuasiva, no una reproducción de lo real sino una trasgresión de la realidad que se nos impone como cierta por su poder de convicción, no la vida sino esa ilusión turbadora que es una novela lograda, esa mentira radical que es la verdad de la literatura cuando alcanza ciertas cimas y gracias a la cual la vida verdadera se hace más comprensible y más ambigua, a veces más soportable y a veces más insoportable.

¿Quién es este narrador? Él está convencido de ser el propio Victor Hugo y de que nosotros también lo creemos. Esta doble creencia explica la naturalidad con que nos participa tantos asuntos personales y nos hace cómplices de las nostalgias y recuerdos íntimos que lo asaltan mientras narra. Hemos visto cómo introdujo su persona para rememorar esa «mariposa blanca» que revoloteaba en medio de la insurrección parisina del 5 de junio de 1832 en la que el Victor Hugo de carne y hueso se vio, efectivamente, sorprendido en la calle por la revuelta.

En otro momento, aparece una nueva referencia personal sobre aquel suceso: «Un observador, un soñador, el autor de este libro, que había ido a ver el volcán de cerca, se encontró tomado entre los fuegos enemigos. Para protegerse de las balas tenía sólo los salientes de las semicolumnas que adornan las tiendas; estuvo cerca de media hora en esta situación delicada» (IV, X, IV, p. 1.090). En otros capítulos lleva a cabo esas mudas espaciales típicas de él —de la tercera a la primera persona— para proseguir, como Victor Hugo, una discusión que tuvo con Gérard de Nerval sobre la existencia de Dios («"Acaso Dios ha muerto", le decía un día Gérard de Nerval a quien escribe estas líneas, confundiendo el progreso con Dios y creyendo que la interrupción del movimiento es la muerte del Ser», V, I, XX, p. 1.260), o para evocar con melancolía los paseos que daba por los extramuros cuando era «el caminante de las afueras de París» *(le rôdeur de barrières)* (III, I, V, p. 595). El comienzo del Libro V de la segunda parte —«Los zigzags de la estrategia»— es una extensa acotación sobre su exilio y sobre los cambios que experimentó París en los años que él estuvo lejos, de modo que lo que va a describir ya no corresponde a la realidad: «Que se me permita, pues, hablar de ese pasado como si todavía existiera» (II, V, I, p. 462).

Estas intervenciones personales son en muchos casos verificables en la biografía de Victor Hugo, como las alusiones a su apellido y a su familia: «En Eylau, estaba en el cementerio en el que el heroico capitán Louis Hugo, tío del autor de este libro...» (III, III, II, pp. 628-629); «Recuerdos, afectuosos y respetuosos, ya que conciernen a su madre (del narrador)...» (III, III, IV, p. 639), o a sus libros anteriores. Con total seguridad nos dice, a propósito de la palabra *gamin* (pilluelo), que él fue el primero en usarla, en *Claude Gueux* (III, I, VIII, p. 599) (lo que, según los críticos, es inexacto) y que, treinta y cuatro años atrás, se adelantó a Balzac y a Eugène Sue en hacer hablar en jerga a sus personajes en su novela *Le Dernier Jour d'un condamné* (IV, VII, I, p. 1.002). Hay asimismo una evocación de la batalla de *Hernani*, al reaparecer, en boca de Monsieur Gillenormand, las acusaciones que los burgueses más conservadores hicieron contra el drama cuando se estrenó (III, V, VI, p. 711).

Otras afirmaciones suyas son menos comprobables, se refieran al paisaje «Quien escribe estas líneas ha encontrado en la pendiente deshecha…» (II, I, VII, p. 336) o a documentos que, como prueba de la veracidad de lo que narra, asegura haber consultado: «El autor de este libro tuvo entre sus manos, en 1848, el informe especial elevado sobre este asunto al prefecto de Policía, en 1832» (IV, XII, VIII, p. 1.141). Concedámosle el beneficio de la duda y aceptemos que los hechos y opiniones personales, entreverados con el relato, son fidedignos y que ese narrador que magníficamente se sale de la historia en «El intestino de Leviatán» para pontificar sobre las bondades del excremento humano como fertilizante, deplorar que París lo desperdicie y para interpelarnos: «Sois libres de desperdiciar esta riqueza y, si queréis, podéis incluso burlaros de mí: ¡será la suma de vuestra ignorancia!» (V, X, I, p. 1.282), se ciñe siempre a la verdad cuando menciona hechos autobiográficos.

¿Bastaría eso para que el narrador de *Los Miserables* y Victor Hugo sean la misma persona? Desde luego que no. Aquél es un personaje que usurpa una identidad, exactamente como los episodios de la novela dicen haber ocurrido en la realidad humana, cuando, en verdad, sólo existen en la ficción. Como sus personajes, quien los cuenta es un simulacro, una transformación imaginaria y remota del Victor Hugo que escribía obras maestras, convocaba espíritus en mesas giratorias, se propasaba con sus sirvientas y correspondía con medio mundo. O como lo son el monseñor Bienvenu Miryel y el Jean Valjean de la novela respecto del obispo Miollis de Digne y del dudoso galeote Pierre Maurin que podrían haberlos inspirado. Por más «verdades» que podamos enumerar entre las cosas que dice, es obvio que son infinitamente más numerosas las «mentiras» que salen de su pluma, y que sus testimonios no podrán rivalizar jamás con sus fantasías e invenciones. Por más que los materiales históricos desempeñen un papel central en *Los Miserables* —y no me refiero sólo a los grandes hechos como Waterloo o la insurrección del 5 de junio de 1832, sino también al abanico de personas y anécdotas reales que le sirvieron de materiales de trabajo—, los ingredientes ficticios son infinitamente más abundantes y el simple hecho de que coexistan y se confundan en el libro indica que toda la novela tiene una naturaleza imaginaria. Basta un fantasma en una reunión para que todos quienes asisten a ella adquieran un aire fantasmal, basta un milagro para que la realidad se vuelva milagrosa.

El narrador de una novela no es nunca el autor, aunque tome su nombre y use su biografía. Estos datos, si la novela es una novela —un libro en el que la verdad de lo narrado no depende de su fidelidad a algo preexistente sino de un poder de persuasión propio, de sus palabras y de su fantasía— inevitablemente dejarán de ser lo que eran al convertirse en materiales de ficción, al combinarse con otros materiales, soñados, inventados o hurtados por el autor de otras canteras de lo real, al desencarnarse y mudar en palabras, música, imagen, orden, ritmo, tiempo narrativos. La invención primera que lleva a cabo el autor de una novela es siempre el narrador, sea éste un narrador impersonal que narra desde una tercera persona o un narrador-personaje, implicado en la acción, que relata desde un yo. Este personaje es siempre el más delicado de crear, pues de la oportunidad con que este maestro de ceremonias salga o entre en la historia, del lugar y momento en que se coloque para narrar, del nivel de realidad que elija para referir un episodio, de los datos que ofrezca u oculte, y del tiempo que dedique a cada persona, hecho, sitio, dependerá exclusivamente la verdad o la mentira, la riqueza o pobreza de lo que cuente.

El narrador no es nunca el autor porque éste es un hombre libre y aquél se mueve dentro de las reglas y límites que éste le fija. El autor puede elegir, con soberanía envidiable, la naturaleza de las reglas; el narrador sólo puede moverse dentro de ellas y su existencia, su ser, son estas reglas hechas lenguaje. La realidad del autor es el infinito dominio de la experiencia humana, la de los sentidos, los actos, los sueños, el conocimiento, las pasiones. La del narrador se halla delimitada por las dos únicas herramientas de que dispone para dar una apariencia de realidad a la ficción: las palabras y el orden de lo narrado. Cada novelista inventa un narrador dotándolo de una naturaleza particular, de unas facultades y limitaciones precisas, en función de lo que quiere contar. Esta operación —inventar a alguien que narre lo que uno quiere narrar— es la más importante que realiza el novelista, y, sin embargo, hasta hace relativamente poco tiempo los novelistas ni siquiera lo sabían y, como el Victor Hugo que escribió *Los Miserables*, la llevaban a cabo de manera intuitiva o mecánica.

Si algo distingue al novelista clásico del moderno es precisamente el problema del narrador. La inconsciencia o la conciencia con que lo aborda y lo resuelve establece una línea fronteriza entre el novelista clásico y el contemporáneo. En la narrativa francesa es posible dar título, nombre y fecha a esa frontera, aunque, claro está, ello no significa que a partir de entonces todas las novelas sean modernas. Todavía se escriben novelas antiquísimas sin que sus autores se den cuenta (y precisamente porque no se dan).

Aunque *Madame Bovary* se publicó seis años antes que *Los Miserables*, en 1856, se puede decir que ésta es la última gran novela clásica y aquélla la primera gran novela moderna. Con *Madame Bovary*, Flaubert inauguró una forma narrativa que revolucionaría la novela: mató la inocencia del narrador, introdujo una autoconciencia o conciencia culpable en el relator de la historia, la noción de que el narrador debía «abolirse» o justificarse artísticamente. Flaubert fue el primer novelista en plantearse como un problema central de la estructura novelística la presencia del narrador, el primero en advertir que éste no era el autor sino el más ambiguo de los personajes que crea el autor de una novela. Él volvió impersonal —invisible— al narrador, algo que, desde entonces, han hecho la mayoría de los novelistas. Volverlo invisible no quiere decir suprimirlo, sino tornarlo astuto, calculador, tramposo: diseminarlo en lo narrado. Desde luego que después de Flaubert ha habido muchos novelistas que, a la manera de los clásicos, narran a través de un narrador inconsciente de sí mismo, que cree ser a ratos Dios y a ratos el autor, alguien que se dobla y desdobla —a ratos el que narra, a ratos el que escribe—, saltando alegremente de la primera a la tercera persona y de ésta a la primera sin siquiera notarlo. Esos novelistas, por obra de Flaubert, nacen viejos y el lector, al leer sus novelas, aunque no sepa nada de forma narrativa, las siente anticuadas, incapaces de persuadirlo de aquello que le cuentan. Las convenciones han cambiado y ese lector, acostumbrado por la novela moderna a narradores conscientes de sí mismos, que se excluyen o se incorporan a lo narrado dentro de reglas tan precisas e inflexibles como las que rigen a los personajes, siente lo que sentían al principio los lectores de las primeras novelas modernas: una desambientación que se traducía en incredulidad.

Con *Los Miserables* el narrador llega a la cumbre de la inconsciencia, como si adivinara que el magnífico espectáculo que nos brinda es su canto de cisne, que sus días están contados. Ahí está, legislando, tronando, autoritario, impúdico, seguro de que ejerce sobre el lector el mismo dominio absoluto que tiene sobre sus personajes, convencido de que quien lo oye —lo lee— le cree religiosamente lo que cuenta por lo inspirado que es, lo bellas que son sus palabras y lo fogoso de sus argumentos. En realidad, este soberbio titiritero ofrece su última función. Los que vengan después no se dejarán ver del público, ocultarán los hilos que mueven a sus muñecos, de modo que el lector no piense que los personajes de una novela son títeres, de vida prestada y ordenada, sino seres libres, dueños de sus acciones, responsables de sus decisiones. Esta libertad del personaje se contagia al lector de una novela moderna, que se siente, también, libre, a la hora de enfrentarse a una historia, libre de entender lo que ocurre y de interpretar lo que hacen o dejan de hacer los personajes, de imaginar lo que harán y de llenar los datos escondidos. Cuando este lector, educado por estas convenciones narrativas, lee una novela clásica, de narrador que le recuerda brutalmente que aquella libertad no existe, que todo es un juego, que esa historia no se va haciendo en la lectura con su activa participación sino que está ya hecha, fatalmente decidida en todos sus detalles, debe reacomodar su actitud de lector de novelas, reeducarse, aclimatarse a unos hábitos narrativos que, en un primer momento, lo desconciertan y turban tanto como a sus tatarabuelos los de las primeras novelas modernas.

Acaso ésta sea una de las razones por las que muchos tienen la impresión, totalmente errada, de que *Los Miserables* es una novela para niños. No lo fue para su autor ni para las masas de lectores del siglo XIX que se volcaron a leerla con un fervor que han despertado muy pocos libros en la historia. No lo fue para Tolstoi, que la llamó «la más grande de todas las novelas» —se dice que esta lectura fue decisiva para que escribiera *La guerra y la paz*—, ni para Baudelaire, quien, luego de elogiarla en uno de sus inteligentes artículos, la acusó, en carta a su madre, de ser «un libro inmundo e inepto», ni para P. J. Proudhon, el anarquista, según el cual «con obras como ésta se envenena a una nación», ni para quienes la consideraron subversiva, como Narciso Gay, de la Real Academia de Buenas Letras de Barcelona, que, apenas un año después de la aparición de *Los Miserables*, dedicó un voluminoso panfleto a combatirla por ser: «Una novela inmoral, una novela socialista, una novela anárquica, un formidable y calumnioso libelo contra la sociedad»[*].

No es nada de esto ni tampoco un testimonio sobre la sociedad francesa de 1815 a 1833, sino una hermosa ficción, inventada a partir de aquella realidad y de los ideales, sueños, traumas, angustias, obsesiones —los demonios— del primer romántico de Francia. Lo que hay de documental en el libro no es siempre exacto y ha envejecido. Lo que conserva su frescura y encanto es todo aquello que Victor Hugo estilizó, embelleciéndolo o ennegreciéndolo, al compás de su fantasía, y que, aunque irreal, expresa una profunda verdad: la de ciertos sueños, miedos o anhelos nuestros que coinciden con los que él materializó en esa soberbia invención.

  [*] Narciso Gay, *Los Miserables de Victor Hugo ante la luz del buen sentido y la sana filosofía social*, Madrid, Librería Española; Barcelona, Librería del Plus Ultra, 1863, p. 257.

II. La vena negra del destino

No es raro que en un mundo como el de *Los Misera-bles*, gobernado por un narrador de las características prepotentes que acabamos de ver, la vida de los hombres parezca determinada por una fuerza superior a la de los individuos, contra la que es también impotente la colectividad, oculta bajo los apelativos nebulosos de «destino», «azar», «casualidad», «sino». En una frase que no estaba en *Les Misères*, el divino estenógrafo nos alecciona de este modo sobre una ley inexorable: «Por más que nos afanemos en tallar del mejor modo posible el bloque misterioso de que está hecha nuestra vida, la vena negra del destino reaparece siempre en él» (I, VI, I, p. 212). Seguir las apariciones y reapariciones de esta vena negra en la novela es la mejor manera de averiguar qué es la vida en la realidad ficticia, de qué libertad gozan allí los seres humanos y qué otros factores intervienen en su dicha o infelicidad.

La ley del azar o el orden de la casualidad

La abundancia de episodios y personajes en la novela desorienta a veces al lector, dándole una impresión de desorden. Pero es una impresión superficial, pues, debajo de la efervescencia anecdótica, una estructura invisible e inflexible enlaza los sucesos innumerables y organiza a la muchedumbre dispar. Este orden secreto es ingrediente del «elemento añadido», uno de los resortes que independiza la ficción del mundo real.

En *Los Miserables* el azar no es lo que su nombre indica, un accidente, algo imprevisto y excepcional, la ruptura de la normalidad, sino un fenómeno constante, que continuamente va interviniendo en las vidas de los personajes, modelándolas y empujándolas hacia la felicidad o la desdicha. El narrador habla de «esos arreglos misteriosos tan frecuentes en el azar» (III, III, VIII, p. 656). En la realidad ficticia sólo lo de frecuentes es cierto, pues esos arreglos, una vez que el lector se familiariza con el medio en que vive Jean Valjean, dejan de ser misteriosos y se convierten en manifestaciones de la ley que da ritmo y fluidez a la vida.

Encuentros fortuitos, coincidencias extraordinarias, intuiciones y adivinaciones sobrenaturales, un instinto que, por encima o por debajo de la razón, proyecta a los hombres hacia el bien o el mal, y, además, una predisposición congénita que encamina la sociedad hacia el progreso y al hombre hacia la virtud, son los rasgos esenciales de este mundo. En él, curiosamente, coexisten el determinismo simplista del folletín romántico, con un complejo planteamiento del eterno dilema entre el azar y la necesidad, o, en otros términos, de la responsabilidad humana sobre los destinos individuales.

El narrador define la novela como un «drama cuyo pivote es un condenado de la sociedad y cuyo título verdadero es el Progreso». Y añade: «El libro que el lector tiene bajo los ojos en este momento, es, de principio a fin, en su conjunto y en sus detalles, sean cuales fueren las intermitencias, las excepciones y los desfallecimientos, la marcha del mal al bien, de lo injusto a lo justo, de lo falso a lo cierto, de la noche al día, del apetito a la conciencia, de la podredumbre a la vida, de la bestialidad al deber, del infierno al cielo, de la nada a Dios. Punto de partida: la materia; punto de llegada: el alma. La hidra al principio y el ángel al final» (V, I, XX, p. 1.267).

Dicho así, parece sencillo, pero no lo es, pues, de un lado, en esa «marcha del mal al bien», hay tantas «excepciones y desfallecimientos» que el objetivo último a menudo parece desvanecerse como un espejismo; de otro, sólo en el caso de Jean Valjean se verifica el proceso de purificación espiritual de una manera absoluta (aunque, veremos, desde cierta perspectiva incluso esto puede ser contradicho). En otros seres es dudoso o nulo y no hay seguridad alguna de que el grueso de la colectividad experimente una conversión parecida ni de que en su conjunto evolucione, como el ex forzado, hacia la superación moral. El optimismo que transpira esta visión del narrador de *Los Miserables* está considerablemente atenuado, y a veces desmentido, por las ocurrencias de la novela.

Lo que el lector percibe como frecuente en la ficción son las oportunas casualidades que a cada vuelta de página sirven para enredar el argumento, reactivar el suspenso y dar mayor emotividad al drama. Hay una ley del azar, un sino cómplice, gracias al cual las cosas ocurren siempre del modo que más conviene a la acción, como que sea precisamente el viejo Fauchelevent, uno de los escasos vecinos de Montreuil-sur-mer que tiene oje- riza a Monsieur Madeleine, quien se caiga y quede apri- sionado bajo la carreta, a fin de que este último pueda salvarlo (I, V, VI, pp. 181-184).

La escena del salvamento del viejo Fauchelevent denota lo paradójica que es dicha ley del azar. Pese a que muchos vecinos están congregados allí, viendo al pobre cada vez más aplastado por el peso de la carreta, mien- tras han ido a buscar una gata para izarla, a nadie se le ocurre que si todos ayudan y hacen fuerza sacarán al an- ciano de la trampa. Todos parecen tácitamente conven- cidos de que el rescate del viejo debe ser obra de *una sola persona*. Cuando Jean Valjean ofrece hasta veinte luises para que *una* persona trate de levantar la carreta, nadie se ofrece. ¿Por qué? Porque la acción requiere que sea el propio Valjean, solo, quien lo haga, a fin de que resplan- dezcan su bondad y su fuerza, y entre él y Fauchelevent surja la deuda moral que el viejo devolverá más tarde asi- lando al ex penado y Cosette en el Petit-Picpus.

¿No es una coincidencia notable que uno de los «amigos del A.B.C.» —Laigle de Meaux— estuviera en la Facultad de Derecho cuando el profesor Blondeau pa- saba lista y se le ocurriera decir «¡Presente!» al oír que llamaban a Marius, con lo que libró a éste de la expul- sión, y que el mismo Laigle de Meaux se halle en la puerta del café del Barrio Latino por el que pasa Marius, a quien nunca ha visto, y lo reconozca por el bolsón que lleva? (III, IV, II, pp. 674-677). Esto sucede precisamen- te cuando Marius acaba de dejar la casa del abuelo y no tiene adónde ir. Aquellas casualidades ponen al joven en contacto con Courfeyrac y los demás insurgentes y permiten que la novela incorpore a su intriga los temas de la rebeldía política y la revolución callejera. Como en este ejemplo, en muchos momentos tenemos la impresión de que las ocurrencias humanas sobrevienen en la novela, como los fenómenos naturales, de manera inevitable, con total prescindencia de la voluntad del ser humano. Éste, a simple vista, no elige su vida: la padece o la goza, de acuerdo a un libreto que no ha escrito y que no tiene más remedio que interpretar fielmente. El amor de Marius y Cosette, por ejemplo, nace así: «El destino, con su paciencia misteriosa y fatal, acercaba lentamente uno del otro a esos dos seres lánguidos y cargados de la tormentosa electricidad de la pasión...» (IV, III, VI, p. 914).

Esa *prodigiosa habilidad del azar*, como la llama el narrador al relatar la batalla de Waterloo (II, I, XVI, p. 362), no sólo traba o trastorna las vidas de los individuos; también las sociedades tienen su destino trazado. Los grandes hechos históricos obedecen a un complicado, ineluctable azar. La derrota que sufre Napoleón en Waterloo resulta, según el divino estenógrafo, de esta suma de accidentes: «Lluvia nocturna, muro de Hougomont, cañada de Ohain, Grouchy sordo ante el cañón, guía que engaña a Napoleón, guía que ayuda a Bülow, todo ese cataclismo está maravillosamente dirigido» (II, I, XVI, p. 362). Y en esas mismas páginas admirables, dedicadas a recrear —en verdad, a inventar— la tragedia de Waterloo, se nos dice que la Revolución sobrevivirá a aquella derrota, ya que ella fue un acontecimiento «providencial y absolutamente fatal» (II, I, XVII, pp. 363 y 364).

La historia está predeterminada por una voluntad divina que se manifiesta mediante el «azar», bruscos, espasmódicos exabruptos, ininteligibles para quienes sufren sus consecuencias, que, sumados, van conduciendo a la humanidad progresiva, confusamente, hacia su redención moral, la reconciliación con Dios.

Aquellos exabruptos providenciales son imprevistos que continuamente desordenan y reordenan las vidas de las gentes, sin mayor intervención de su voluntad. Los hay de signo positivo y negativo, según acarreen fortuna o infortunio, pero desde el punto de vista novelístico todos tienen idéntica valencia ya que todos hacen progresar la acción, la reavivan y mantienen intrigado y expectante al lector. Por ejemplo, es una suerte que, cuando está huyendo del implacable Javert con Cosette a cuestas por las calles en sombras de París y escala el misterioso edificio del Petit-Picpus, Jean Valjean encuentre allí, de jardinero, al viejo Fauchelevent, a quien salvó la vida y quien, como le está eternamente agradecido, lo ayuda a asilarse en ese limbo los próximos cinco años. En cambio, ¿se concibe coincidencia más desafortunada que, al ir a enterrar en el cementerio de Vaugirard a la falsa Madre Crucifixión —en realidad, Jean Valjean—, Fauchelevent descubra que su amigo el sepulturero Mestienne acaba de morir y que lo reemplaza un desconocido? El capítulo termina con una duda que deja al lector boqueando: ¿será enterrado vivo Jean Valjean? (II, VIII, V, p. 568). Es una casualidad muy servicial que al llegar el ex galeote a Montfermeil a rescatar a Cosette, según prometió a Fantine, halle a la niña sola en el bosque, asustada en medio de la noche, cumpliendo la orden de Madame Thénardier de ir a traer agua, pues de este modo Jean Valjean descubre las crueldades de la pareja con la huérfana (II, III, VI, p. 411). Y es una coincidencia todavía más extraordinaria que Marius halle, bajo la bóveda de la iglesia de Saint-Sulpice, a ese extraño Monsieur Mabeuf, la única persona en el mundo que podía revelarle que su padre, el coronel Pontmercy, venía a verlo los domingos a ese mismo lugar, a escondidas, ya que su abuelo, Monsieur Gillenormand, le había prohibido acercarse a su nieto (III, III, V, pp. 643-644). Esa revelación es decisiva para la transformación psicológica y política de Marius.

Se podría hacer una extensa lista de encuentros fortuitos —en verdad, citas— en *Los Miserables*, tan importantes para la historia como los que acabo de glosar. Uno de los más emotivos episodios de la vida de Gavroche, por ejemplo, es la aparición en su camino de esos dos niños desamparados que el pilluelo recoge al azar en las calles y lleva a dormir a «su» elefante de la Bastille, sin saber que son sus propios hermanos. Coincidencia que remata otra no menos espectacular, pues, a la mañana siguiente, el granuja Montparnasse pide a Gavroche que lo ayude a hacer fugar de la cárcel a un prisionero. ¿Quién es éste? ¡El padre del pilluelo, nada menos! La doble coincidencia está subrayada por el narrador (IV, XI, I, p. 1.096), quien a menudo dice sorprenderse tanto como nosotros por estos caprichos del azar.

¿Caprichos? Son demasiado repetidos, astutos, útiles a la novela, para aceptarlos como tales. En verdad, constituyen un *orden de la casualidad* que regula la vida de la ficción, organizando inflexiblemente el abigarrado laberinto de seres y acciones, acercando y distanciando a las personas, amistándolas o enemistándolas, y creando situaciones irritantes, insólitas, tiernas o angustiosas, que nos mantienen prendidos de la lectura, y que, a la vez que nos seducen, nos distancian de la realidad ficticia, a la que sentimos, en su deliciosa hechicería, en su artificioso sortilegio, constitutivamente distinta de la real. Los Thénardier han pedido a Fantine cuarenta francos con el cuento de que la niña está enferma; si no reciben el dinero, le aseguran, Cosette morirá. Fantine, sin empleo, medio muerta de hambre, sale a la calle. Sobreviene entonces un encuentro excepcional: un dentista ambulante, quien, al verla sonreír, le propone comprarle sus dientes. ¿Cuánto le ofrece por ellos? ¡Cuarenta francos, por supuesto! (I, V, X, p. 193). Por abundantes que sean las casualidades en el mundo del lector, éste sabe positivamente que el azar no actúa en la realidad real con tanta oportunidad y precisión.

La *coincidencia* es una de las maneras primordiales como se organiza la vida en la realidad ficticia, la forma preferida del destino para manifestarse. Más aún que en los incontables ejemplos aislados que se podrían dar de la *ley del azar,* ésta aparece como el elemento clave, el núcleo mismo de tres cráteres activos de la novela: las ratoneras-imanes.

Las ratoneras-imanes

Una novela, como una vida humana, se compone de acontecimientos importantes y hechos rutinarios y triviales. A diferencia de lo que suele ocurrir en un poema o en un cuento, géneros que por su forma breve y ceñida llegan a veces a constituir unidades de extraordinaria homogeneidad, en las que todos los elementos tienen la misma riqueza conceptual y retórica, en la novela, género imperfecto debido a su extensión, sus elencos populosos, y a la influencia en ella del factor temporal, los episodios que se trenzan en su estructura son inevitablemente desiguales, esenciales algunos, otros de significación menor y otros sólo instrumentales, meros puentes destinados a relacionar entre sí los hechos capitales y a asegurar la fluidez del tiempo narrativo, la ilusión de un transcurrir. En los episodios neurálgicos de una novela —sus *cráteres*— se intensifica al máximo la vida que hay en ella, proyectándose a partir de allí esa energía a los sucesos futuros y anteriores. No hace falta acudir a los críticos para reconocer los cráteres de las novelas que amamos. Basta con cerrar los ojos. La memoria nos devuelve, intactas, preservadas con fuego y nostalgia, imágenes que nos exaltaron, excitaron, indignaron o entristecieron: el capitán Ahab desapareciendo con su obsesión, la presa mítica, la ballena blanca, en el océano inmenso; el Quijote y Rocinante cargando contra los molinos de viento; el tímido Julian Sorel atreviéndose a coger la mano de Madame de Rênal cuando el reloj da las diez en aquella velada de campo; la agonía y muerte de Madame Bovary; la castración del mulato Joe Christmas; la subida al cielo de Remedios la bella; la mudanza sexual de Orlando; The Professor, el anarquista, circulando por las calles de Londres arrebozado en explosivos para hacer desaparecer a los policías que vengan a prenderlo y desaparecer con ellos, y tantas otras... No es casual que estas imágenes, ya parte de nuestra vida, parezcan resumir en su vigor, complejidad, delicadeza, las novelas de donde proceden, ser su símbolo y su síntesis. Son eso: la vitalidad que mana de ellas se expande por el contorno temporal y espacial y contagia a las historias su carga emotiva, su poder de sugestión. De otra parte, esos cráteres activos suelen reflejar la totalidad novelística desde el punto de vista técnico y del estilo. Leyéndolos con atención, escudriñando su relojería, uno puede adentrarse en los entresijos de la estructura narrativa, en las constantes y variables con que está organizada la novela. En esos episodios destaca, en su mayor eficacia, la estrategia narrativa del autor.

Los cráteres que señorean la vasta geografía de *Los Miserables*, dispensando sobre ella su flujo anímico, son muchos y de diversa índole, pero entre ellos descuellan nítidamente, semejantes en su naturaleza y hechura, en momentos neurálgicos de la historia, tres episodios en los que el encuentro fortuito, la coincidencia asombrosa, se acentúan a tal extremo que la novela parece mudar a un plano fantástico. Me refiero a las ratoneras, aquellos lugares —la *masure* Gorbeau, la barricada de la Chanvrerie, las cloacas de París— hacia los que, mediante una insólita conjunción de circunstancias, la «vena negra del destino» atrae irresistiblemente a los principales protagonistas, quienes, hasta entonces, se hallaban alejados e incomunicados unos de otros. Se trata de lugares neurálgicos, sobre los que se ciernen la destrucción y la muerte, y los encuentros que en ellos se celebran anuncian inminentes catástrofes para los héroes: su asesinato, su ruina, su prisión. Esas ratoneras son los imanes del azar, que, multiplicando las casualidades hasta el vértigo, acercan y enfrentan a seres que se odian o temen y cuyas vidas, a partir de ese encuentro, quedan profundamente alteradas. En esas ratoneras-imanes, obedeciendo la convocatoria de la ley de la casualidad, los hechos sueltos de la historia se traban, la dispersión desaparece y surge un orden, el caos adquiere lógica. La sorpresa, la violencia, el heroísmo, la ignominia que chisporrotean en esos episodios hacen que en esas páginas la novela alcance su mayor poder de persuasión.

La emboscada de la masure *Gorbeau*

En su diatriba contra la novela, Barbey D'Aurevilly, dice, refiriéndose a la fantástica circunstancia de que tantos personajes coincidan en la *masure* Gorbeau, que ella parece *«le trou de formicaleo, où doivent tomber tous… comme les insectes dans le trou du formicaleo»*[*].

La *masure* Gorbeau, colmena de gentes pobres en un barrio apartado y promiscuo de París, es uno de los escenarios recurrentes de la novela, donde naufragan, en diferentes momentos de su existencia y sin que lo sepan unos de otros, Jean Valjean y Cosette, los Thénardier, Marius. Dichas coincidencias son como premoniciones del gran encuentro que tendrán todos ellos —sin Cosette, pero con el añadido de Javert— en el sombrío caserón,

* Barbey D'Aurevilly, *Les Misérables de M. V. Hugo*, París, 1862, p. 46: «El hueco de formicaleo, donde deben caer todos… como los insectos en el hueco del formicaleo».

cuando el falso Jondrette, el falso Fabantou, decida tender una emboscada para robarle doscientos mil francos y sin duda matar a ese ingenuo filántropo que ha caído en sus redes, el falso Monsieur Leblanc, el falso Monsieur Urbain Fabre. Un fabuloso encadenamiento de hechos en apariencia banales pone a Jean Valjean en el camino del tabernero de Montfermeil, quien, ayudado por la banda de rufianes con la que opera en la noche de París, le prepara esa trampa en la que el ex forzado cae con la mayor inocencia. El joven Marius, enamorado de Cosette, a la que ha conocido y perdido en el Jardín de Luxemburgo, casualmente es vecino de los Thénardier y descubre la conspiración. Cuando va a denunciarla a la comisaría, el agente que lo recibe resulta ser Javert, el único servidor de la autoridad capaz de reconocer al galeote prófugo a quien todo el mundo cree muerto. Pero en esa noche incandescente, de formidables coincidencias, todavía ocurre otra mayor: pasmado y enloquecido, Marius descubre que el infame Jondrette, planificador del secuestro de Cosette y del probable asesinato de Monsieur Leblanc, a quien va a entregar a la policía, es el hombre que salvó a su padre en Waterloo y a quien el coronel George Pontmercy le ha pedido en su testamento reverenciar y gratificar.

La comparecencia en el antro lúgubre de todas esas personas catapultadas allí por el azar, aglutina las historias hasta entonces dispersas de cada uno de estos seres en una historia única. Esa encrucijada anecdótica en la que todas confluyen y se anudan, o se vuelven a atar después de haberse desatado por meses y años, carga a la novela de dramáticos interrogantes: ¿matará Thénardier a Monsieur Leblanc? ¿Raptará a Cosette? ¿Pagará Jean Valjean el rescate? ¿Descubrirá Marius que Jondrette es el salvador de su padre? Y una vez que lo ha descubierto ¿hará la señal convenida y lo entregará a Javert? ¿Reconocerá Javert a Jean Valjean? La fascinación, las encontradas emociones que un cráter narrativo despierta en el lector, regresan de éste al episodio que fue capaz de suscitarlas y de allí se proyectan como un baño de vivencias a los otros episodios, los que generaron el cráter y los que éste genera. La corriente anímica que mana de aquellos sucesos cardinales hacia el pasado o el futuro de la narración es una sucesión de ondas concéntricas que, uniéndose a las que nacen de otros cráteres, acaba por dar movimiento a toda la historia, imprimiéndole la más cara ambición de una novela: la ilusión de la vida.

La barricada de la Chanvrerie

Si el instrumento de que se vale el destino para citar a los protagonistas en la *masure* Gorbeau es un individuo siniestro, el «mal pobre» Thénardier, quien convoca a los principales personajes a aquella callejuela perdida del barrio de Saint-Denis, a enfrentarse unos a otros en el marco épico de una insurrección, es otro protagonista de la novela, pero no de carne y hueso, sino, como la miseria y como Dios, abstracto y anónimo: la historia. La barricada es también una ratonera, lugar cercado por el peligro, a cuyos habitantes espera una desgracia: la cárcel o la muerte violenta. Pero, a diferencia de la *masure* Gorbeau y del «intestino de Leviatán», quienes están aquí han venido a esta trampa por propia voluntad, a sabiendas de los riesgos que corren, movidos por el despecho —Marius—, un ideal político —Enjolras—, una razón profesional —el espía Javert— o personal —Jean Valjean—. Los motivos de Gavroche son mixtos: curiosidad y novelería de niño siempre al acecho de aventuras y una instintiva solidaridad con una causa que adivina afín a su espíritu iconoclasta y a su estirpe popular.

También en este caso vemos funcionar, acelerada, la ley de la casualidad, multiplicando las incidencias y coincidencias a fin de que estos personajes comparezcan en la barricada y una vez más se entreveren sus destinos. Sin tener en cuenta lo que significa el episodio de «La guerra entre cuatro muros» desde el punto de vista social e histórico en la realidad ficticia —esto lo veremos más adelante—, el encuentro providencial de los protagonistas en la ratonera-imán de la Chanvrerie, tiene consecuencias transcendentales en sus vidas y es el germen de grandes sucesos. Jean Valjean salva allí la vida a su peor enemigo, el sabueso que ha convertido sus días en un infierno, depositando de este modo en la conciencia de Javert la gotita de ácido moral que roerá sus certidumbres y lo precipitará en la duda, la angustia y el suicidio. Y salva también, mediante una proeza mítica, a Marius, joven al que sabe enamorado de Cosette y quien le arrebatará a esa niña, lo único que tiene en el mundo. Bajo el fuego de la metralla que siega la existencia del más tierno y simpático personaje de la novela —el pilluelo Gavroche, hijo abandonado de los Thénardier, monarca del arroyo y de la picardía—, Jean Valjean, al salvar la vida de

Marius, labra simultáneamente la dicha futura del joven y de Cosette y su propia desdicha. La barricada, además de añadir a la sociedad ficticia una dimensión política, que hasta ese momento aparecía como algo sucinto —el tema de la miseria discurría en un plano moral, religioso y social pero no político— sirve para redondear el retrato psicológico de Javert, espécimen más sutil de lo que parecía en un principio, y para mostrar en Jean Valjean algunas fisuras anímicas, una personalidad menos esquemática de lo que su hagiógrafo, el narrador, quiere hacernos creer.

Éste es sin duda el cráter mayor de *Los Miserables*, las páginas más seductoras del libro. Me refiero sobre todo a la caída de la barricada. El asalto de la tropa, la resistencia de los insurrectos, los casos de heroísmo individual o de destreza —Jean Valjean rescatando el colchón para reforzar la barricada bajo los tiros de los asaltantes, Gavroche recogiendo cartuchos en media calle, indiferente a la balacera— y el asalto y toma del reducto en medio de una explosión de violencia y salvajismo, son las páginas mejor escritas de la novela. El lenguaje alcanza enorme fuerza comunicativa, dramatismo épico y una envolvente plasticidad. Ésta es, también, una de las raras ocasiones en que el narrador se olvida de sí mismo y el lector de él: como ganado por la magia de los hechos, el «divino estenógrafo» se desvanece detrás de los personajes y de la acción, y la historia adopta un semblante autosuficiente. Es el momento más moderno de una novela clásica.

El tercer cráter activo que tiene también la forma de una ratonera-imán —sitio riesgoso dotado de un inquietante y misterioso poder de convocatoria al que obedecen, dóciles y ciegos, los protagonistas— son las alcantarillas de París y sus inmediaciones, a orillas del Sena. Los mismos personajes reunidos por el destino en la *masure* Gorbeau —Thénardier, Jean Valjean, Marius y Javert— vuelven a encontrarse, por los enredos del azar, en un episodio crucial, que precipita el desenlace de la historia: la muerte de Javert, el matrimonio de Marius y Cosette, el final trágico-glorioso del galeote.

A diferencia de los anteriores, el encuentro fortuito en este cráter no es simultáneo sino disociado en tres momentos sucesivos en los que la ley del azar acerca y hace chocar unos con otros a los personajes, como en una carambola de billar. Javert encuentra casualmente a Thénardier en los muelles del Sena y lo sigue (V, III, III, pp. 1.309-1.313); huyendo de Javert, Thénardier se sumerge en las cloacas y allí encuentra a Jean Valjean al término de su dantesca travesía por los intestinos de la ciudad cargando a Marius, a quien ha salvado de la represión luego de la caída de la barricada (V, III, VIII, pp. 1.325-1.330). Thénardier abre las puertas de la superficie al ex forzado y al herido, quienes salen a la luz sólo para caer en manos del implacable Javert (V, III, IX, pp. 1.330-1.332).

La providencia, en este caso, además de «horrible», como la llama el narrador (V, III, VIII, p. 1.326) es también paradójica. Es el siniestro Thénardier quien, haciendo de buen ángel, saca del laberinto a Jean Valjean, pero su liberación es brevísima ya que al poco rato lo captura Javert. Al dramatismo de estos encuentros, y a su importancia para el encaminamiento de la intriga, hay que añadir otro elemento que contribuye a fijar este cráter como memorable en el lector: su misterio. En el ensayo que precede a su edición de *Los Miserables*, Marius François Guyard* muestra que, debajo de la apariencia desordenada de la novela, hay un principio estructural riguroso: la historia transcurre alternativamente en el mundo de los hechos y en el de las conciencias o almas de los personajes. Los períodos de inmovilidad, dilatados y a veces angustiantes paréntesis que interrumpen la acción física, son, en verdad, episodios que relatan otro tipo de sucesos que al narrador le interesa historiar tanto como los objetivos: los conflictos morales, religiosos y políticos que experimentan los personajes en la intimidad de su conciencia. Estos dos planos —la vida del cuerpo, la del alma— están casi siempre separados en capítulos diferentes, pero algunas veces se cruzan y esa cercanía aumenta la fuerza sugestiva de la novela.

Uno de esos momentos privilegiados, en que asistimos simultáneamente a unas ocurrencias dramáticas en la vida exterior y física de los protagonistas y en la vida secreta e impalpable de sus almas, es el encuentro en tres tiempos en las cloacas oscuras y una margen del Sena bañada por ambigua luz crepuscular. Ni Thénardier ni Javert reconocen a Jean Valjean, cubierto del lodo y la mugre

* *Les Misérables*, París, Classiques Garnier, 1957, vol. II, p. XVII.

del alcantarillado. El diálogo entre el galeote y el granuja es, en realidad, un monólogo de este último, sincopado de monosílabos y silencios de su interlocutor. A través de las preguntas, hipótesis y propuestas de Thénardier vemos destellar con luz infernal, en esa semitiniebla maloliente, toda la vileza del hombre hiena que años atrás merodeaba por la llanura de Waterloo desvalijando cadáveres. Su mente homicida da por hecho que el cuerpo que arrastra el galeote es el de alguien a quien ha matado para robarle y al que ahora quiere hacer desaparecer. De inmediato fija un precio —el reparto del botín— para abrir la verja hacia el exterior. Pero ni siquiera en esta oferta delictuosa juega limpio Thénardier, pues lo que pretende, además de quedarse con el dinero del presunto cadáver, es librar el supuesto asesino a Javert, para quitarse al policía de encima. La hediondez y suciedad del lugar reflejan la naturaleza de Thénardier, que se desnuda en esta escena, y, por contraste, refulge aún más la nobleza de Jean Valjean.

¿Influye el espectáculo de ignominia que le brinda Thénardier en la decisión de Jean Valjean de revelar su identidad al policía? Su gesto parece el de un hombre desmoralizado, harto de huir y de luchar contra el hado adverso, resignado por fin a la maldad inconmensurable del mundo. Sin embargo, en este encuentro de Jean Valjean y Javert, por doloroso que nos resulte el abatimiento del ex galeote, el hecho más turbador ocurre en la intimidad de Javert. ¿Qué le pasa? Algo extraño. ¿Por qué evita tutear despectivamente a Jean Valjean como ha hecho siempre? ¿Por qué acepta llevar a Marius a casa del abuelo, lo que, a todas luces, es una infracción en el cumplimiento de su deber, algo hasta entonces impensable en él? ¿Por qué su hosco silencio? En este cráter que anuda una vez más los cabos sueltos de *Los Miserables*, el relato funde lo subjetivo y lo objetivo, los hechos exteriores y el drama moral, restableciendo en el ser humano una unidad que en otras partes de la historia parece no existir.

«Yo no soy como los otros hombres; en mí se ensaña la fatalidad» (*Je fais la part de la fatalité*), le escribió Victor Hugo a Juliette Drouet.* Cuesta aceptar semejante afirmación cuando se conoce la vida del autor de *Los Miserables*. Si algo resalta en la multifacética trayectoria del hombre que fue poeta, novelista, periodista, político, académico, padre de familia, amante múltiple, dibujante, espiritista, mentor y conciencia de su sociedad, revolucionador de la ética y las costumbres de su tiempo, es que la «fatalidad» parece haber intervenido de manera muy secundaria en esa rica peripecia vital, en la que la voluntad, la dedicación, el sacrificio, la disciplina, la seguridad en sí mismo, la ambición, la fantasía, y, por supuesto, una extraordinaria aptitud para el manejo de la lengua francesa, fueron resortes principales. Victor Hugo es uno de esos hombres en los que, justamente, el destino da la sensación de plegarse sumisamente a un carácter y una voluntad tan poderosos que salvan todos los obstáculos que el azar pone en su camino y utilizan en su provecho, cambiándolas de signo, las circunstancias adversas.

* Carta citada por Raymond Escholier, *Un amant de génie: Victor Hugo*, París, Arthème Fayard, 1953, p. 150.

Una muestra, entre mil: el largo exilio de Bélgica, Jersey y Guernesey, que, en vez de desanimarlo y hundirlo políticamente, le permitió escribir sus libros más ambiciosos y elevó su prestigio cívico a alturas mitológicas. Las filosofías de la libertad, que hacen al hombre el absoluto dueño de su destino, tienen en Victor Hugo un llamativo ejemplo.

En el mundo de *Los Miserables*, en cambio, la fatalidad siempre está al acecho y los seres humanos, a diferencia del Victor Hugo real, rara vez escapan a sus celadas o transmutan sus agresiones en dádivas. Esas casualidades, accidentes, encuentros y desencuentros providenciales, imponen a sus vidas direcciones fatídicas. Sus fuerzas parecen insignificantes para poder «elegir» sus destinos en una realidad en la que, como dice muy bien el divino estenógrafo, «nada es más inminente que lo imposible y en la que lo que siempre se debe prever es lo imprevisto» (IV, XIV, V, p. 1.163). En una nota para el prólogo de la novela, de fines de 1861, desechada luego, Victor Hugo escribió: «Este libro no es otra cosa que una protesta contra lo inexorable»*. ¿Es eso la novela? El problema estriba en que no está probado —porque es imposible de probar— que en la realidad real exista un destino prefabricado que delinee las vidas de los hombres como un molde las figurillas de cera, que el hombre sea mero producto de fuerzas superiores e incontrolables que dispensan arbitrariamente fortuna e

* *Les Misérables*, edición de l'Imprimerie Nationale, París, Paul Ollendorf, 1908-1909, Vol. I, Fantine, p. 406.

infortunio, grandeza o pequeñez, sin intervención del albedrío humano. En la realidad ficticia de *Los Miserables*, en cambio, en momentos como los de los tres cráteres reseñados y en muchos otros, efectivamente vemos sobresalir en la frente de los individuos, como marca de fábrica, esa «vena negra» del destino que los hace y deshace a su capricho.

¿Quiere decir todo lo anterior que éste es un mundo sin libertad ni responsabilidad, predeterminado en todas sus instancias, de títeres con apariencia de hombres? Lo sería si fuera un mundo sin contradicciones, regido sólo por el orden de la casualidad. Pero otras leyes atenúan o rechazan la del azar, dando a la vida ficticia una complejidad y relatividad mayores que las que insinúa lo hasta ahora dicho.

La libertad escurridiza

¿Qué contenido específico tiene en la ficción esa palabra «libertad» que viene con tanta frecuencia a la boca del divino estenógrafo?

En repetidas ocasiones, el narrador utiliza la metáfora de «la mano invisible» para mostrar las cambiantes situaciones en que se halla un personaje, cuando es capaz de decidir por sí mismo lo que hace o cuando son elementos fuera de su alcance, la providencia, el azar, los que flexionan en una u otra dirección el rumbo de su vida. Jean Valjean cree que «la providencia» ha decidido por él que no vaya a Arras a entregarse para salvar a Champmathieu, cuando se malogra la rueda del tílburi y nadie, en esa pequeña aldea del camino, quiere alquilarle otro coche ni un caballo. Pero, de pronto, aparece una vieja que le ofrece un cabriolé: «Él creyó ver que la mano que lo había abandonado reaparecía en la sombra, detrás de él, dispuesta a retomarlo» (I, VII, V, p. 258). Poco después este sentimiento de algo fatal e irreversible se materializa para el ex galeote de la misma manera: «La mano fatal lo había retomado» (I, VII, V, p. 258). Esa «mano» invisible, todopoderosa, que a ratos apresa a los hombres y los manipula a su capricho, y, a ratos, los suelta y los deja moverse a su albedrío, ilustra de manera gráfica la dialéctica de la libertad y la fatalidad en la realidad ficticia. Los hombres son libres a ratos, en ciertas circunstancias, en determinados períodos, para ciertas cosas. En otros momentos, situaciones, asuntos, son muñecos que se mueven al compás de la mano fatídica. No existe manera racional de conocer la delimitación de estos dos campos en la vida de un hombre. Las cosas ocurren de la misma manera para la comunidad. Los personajes son incapaces de vislumbrar esas fronteras de los mundos en los que son libres o esclavos, responsables o irresponsables. Y la misma perplejidad asalta a los lectores. ¿Interviene o no el destino para que Jean Valjean llegue a tiempo al proceso del pobre Champmathieu o es el propio Jean Valjean el que, librado a su suerte, consigue sobreponerse a todos los obstáculos? Se diría que el divino estenógrafo está tan confundido como nosotros a este respecto. Hay momentos, sin embargo, en que la presencia de esa «mano» suprema parece evidente al personaje y al narrador, como la noche en que Jean Valjean y Cosette huyen de la *masure* Gorbeau y recorren las calles de París acosados por Javert y sus hombres: «Jean Valjean, al igual que Cosette, ignoraba dónde iba. Él se confiaba a Dios así como ella se confiaba a él. A él le parecía que él también daba la mano a alguien más grande que él; creía sentir que un ser invisible lo guiaba» (II, V, I, pp. 463-464). En este caso, al menos, resulta evidente que esa «mano» es la que generosamente guía al ex forzado hacia el callejón donde se alza el convento de Picpus que les servirá de escondite a él y a Cosette los próximos cinco años.

¿Y cómo suceden las cosas en el campo histórico social? ¿De una manera programada, al influjo de mecanismos fatídicos, o en función de los aciertos o errores que, con total soberanía, cometen los seres humanos? También en este dominio opera la «mano» caprichosa que, a veces, y por razones que sólo ella conoce, dispone y organiza los acontecimientos a su voluntad, o se abstiene de intervenir y deja que las cosas ocurran debido a la sabiduría o estupidez, la fuerza o debilidad, la bondad o la maldad, de los propios hombres. ¿Quién decide el resultado de la batalla de Waterloo? ¿Napoleón, Wellington, o un azar cuyos hilos mueve Dios por designio inescrutable? El divino estenógrafo parece preferir esta última opción: «Si no hubiera llovido en la noche del 17 al 18 de junio de 1815, el porvenir de Europa habría cambiado. Algunas gotas de agua de más o de menos hicieron actuar de determinada manera a Napoleón. Para que Waterloo fuese el fin de Austerlitz, la providencia sólo necesitó un poco de lluvia y una nube cruzando el cielo fuera de estación bastó para el desmoronamiento de un mundo» (II, I, III, p. 323). Unas páginas más tarde, repitiendo que la llegada de Blücher en vez de Grouchy al campo de batalla decidió el resultado final, el narrador exclama: «Tales son esas inmensas casualidades, proporcionales a un infinito que se nos escapa» (II, I, XI, p. 350). Ahora bien, si en este caso es el más allá el que determina, de acuerdo a su visión infinita y a su poder omnímodo, el curso de la historia europea, ¿se puede decir lo mismo del otro episodio histórico de la novela, la sublevación callejera de junio de 1832? En este caso, la «mano» parece no intervenir para nada y dejar que sean las circunstancias objetivas —la determinación, las armas y el número de los adversarios— las que decidan el aplastamiento de la rebelión. En tanto que Napoleón figura en la novela como mero títere de la adversidad, Enjolras nos hace el efecto de un ser responsable de lo que sucede, alguien que con total lucidez elige una derrota que, está seguro, póstumamente se convertirá en triunfo.*

Se comprende que en una realidad así conformada, en la que la libertad —el poder de decisión que tiene el

* Marx reprochaba a Victor Hugo que atribuyera el desenvolvimiento de la historia a ciertos individuos de excepción. En el prólogo a la segunda edición de *El dieciocho Brumario de Luis Bonaparte* (1869) critica al autor de *Napoleón-le-Petit* interpretar el golpe de Estado del 2 de diciembre de 1851 «cual rayo caído de cielo raso». Y añade: «No advierte que, al atribuirle un poder personal de iniciativa sin parangón en la historia universal, engrandece, en lugar de empequeñecer, a este individuo». Karl Marx, *El dieciocho Brumario de Luis Bonaparte*, traducción, introducción y notas de Elisa Chuliá, Madrid, Alianza Editorial, 2003, p. 180.

hombre sobre los acontecimientos que conciernen a su vida— es algo tan aleatorio, escurridizo, pasajero, arbitrario y volátil, el ser humano se sienta, como Jean Valjean en la prisión, un cero a la izquierda, un grano de arena que el viento zarandea: «Todo eso, leyes, prejuicios, hechos, hombres, cosas, iba y venía sobre él, según el movimiento complicado y misterioso que Dios imprime a la civilización, marchando sobre él y aplastándolo, con algo de apacible en la crueldad y de inexorable en la indiferencia» (I, II, VII, p. 99).

Y se comprende también que en una realidad de estas características, las identidades de los seres humanos sean algo tan exterior y transeúnte como la ropa con que se cubren. Para comprobarlo, acerquémonos a los habitantes de la ficción, esos seres a los que calza como un guante el epíteto de «monstruos quisquillosos» que el narrador inflige a Thénardier (III, VIII, XX, p. 811).

III. Los monstruos quisquillosos

Nuestros abuelos, a quienes *Los Miserables* humedecían los ojos, creían que sus personajes los hacían llorar por su conmovedora humanidad. Pero lo que los conmovía de ellos era más bien su carácter ideal, su llamativa inhumanidad. Los personajes de la novela tienen la apariencia física de seres normales; pero por sus virtudes y defectos, su manera de actuar, de sentir y de pensar constituyen una galería de excepciones. Salvo Marius, cuya figura resulta por ello algo desvaída entre sus rotundos congéneres, ninguno de los personajes principales representa al hombre promedio, común, reconocible, sino las formas más extremas e inusitadas de lo humano: el santo, el justo, el héroe, el malvado, el fanático. En vez de tipos, la novela está poblada de arquetipos. Lo que en la realidad real es la norma, en la ficticia es la excepción; lo que en ésta constituye la especie humana, en aquélla es su caricatura o estereotipo. Este trueque es hoy evidente a los lectores de *Los Miserables*, quienes inmediatamente perciben la infranqueable distancia que los separa de los protagonistas; los contemporáneos del libro, en cambio, no la advertían y tanto amigos como enemigos de Victor Hugo estaban de acuerdo en que la novela los retrataba con fidelidad. En un sentido subjetivo, no les faltaba razón: la ficción describía aquello que los hombres de su tiempo querían o creían ser, esos seres animados por conductas que el romanticismo concebía de manera esquemática, como emblemas de vicios o virtudes incompatibles entre sí, susceptibles de encarnarse en individuos de una sola pieza que los manifestaran sin un solo desfallecimiento en todas sus acciones. Cada época tiene su irrealidad: sus mitos, sus fantasmas, sus quimeras, sus sueños y una visión ideal del ser humano que las ficciones expresan con más fidelidad que ningún otro género. A los lectores medievales, las hazañas de Amadís o de Esplandián pudieron parecerles realistas porque esas fabulosas aventuras materializaban sus más caros anhelos; a los lectores románticos, que ambicionaban lo excesivo y querían ardientemente que el mundo estuviera conformado sólo por los ángeles y demonios, *Los Miserables* los colmó con una humanidad de seres en los que la desmesura era la norma y lo ordinario la excepción.

El divino estenógrafo asegura que los seres humanos se dividen en «los luminosos» y «los tenebrosos», una imagen sugerente para hablar de los buenos y los malos en la novela. Pero, a esta clasificación, se entrevera otra: los seres superiores y los simples mortales o seres del común.

El personaje sin cualidades

En *Los Miserables* los principales personajes antes que personas de carne y hueso son héroes en el sentido homérico, semidioses que trascienden las limitaciones humanas y, en sus proezas físicas o morales, y en su conducta rectilínea —generosa o feroz— se acercan a los dioses o a los demonios. Es el caso de los buenos, como el obispo de Digne, Jean Valjean, Gavroche, Monsieur Mabeuf o Éponine, y de los malos, como Javert o los Thénardier. En contraste con ellos, los personajes más humanos de la novela, en los que advertimos indecisión, incoherencia, conductas matizadas y problemáticas, dan una impresión de mediocridad, de seres incompletos comparados con las personalidades epónimas. Marius es un buen ejemplo. En su vida oscura y rutinaria hay un hecho audaz —por fidelidad a la memoria de su padre abandona a su abuelo y la seguridad que éste le ofrecía, para vivir una existencia precaria— y da muestras de gallardía en la barricada de la Chanvrerie. Pero, salvo en estas dos ocasiones, es pasivo, vacilante, resignado y sin la ayuda de Jean Valjean se hundiría en la frustración.

Hablando de él, dice el narrador: «Hay una manera de encontrar el error yendo hacia la verdad. Él tenía una especie de buena fe violenta que lo impulsaba a tomar todo en bloque» (III, III, V, p. 649). ¿Vale la sentencia para el nieto de Monsieur Gillenormand? Relativamente. Como, para trazar la biografía de Marius, Victor Hugo utilizó muchos datos de su propia vida, la novela trata al joven con más afecto del que inspira al lector. Porque Marius es más ingenuo que inteligente, más egoísta que generoso, más pasivo que activo, y, en experiencias cruciales como en la emboscada de la *masure* Gorbeau, donde lo vemos paralizado por la indecisión, o en su trato egoísta con Jean Valjean, no está a la altura de las circunstancias. En un mundo donde los hombres valen por los gestos —por el efecto teatral de sus acciones—, las dos iniciativas más dramáticas del joven —romper con el abuelo e irse a la barricada de la Chanvrerie con sus amigos del A.B.C.— están lastradas de razones subalternas. ¿Se marcha de su casa por una cuestión de principio o por obstinación juvenil, por capricho de niño mimado? Si hubiera conseguido dinero para viajar a Londres y reunirse con Cosette probablemente no habría ido a esa barricada donde parece más resignado que convencido, víctima de «ese estupor visionario que precede siempre la hora fatal voluntariamente aceptada» (V, I, IV, p. 1.210). Es obvio que no está allí por convicción política, sino por fatalismo y desesperación. Su conversión ideológica tampoco es muy convincente, más parece un producto de la riña con su viejo abuelo, una manera de rebelarse contra la autoridad familiar, que resultado de un proceso intelectual o de una convicción moral. Por eso, sus ideas políticas no le impiden, luego de un tiempo, volver a la casa de Monsieur Gillenormand, reconciliarse con él y adaptarse sin escrúpulos de conciencia a la vida que el anciano le había reservado desde que nació. Su jacobinismo fue apenas una crisis de adolescencia.

Y, sin embargo, esa figura mediocre y borrosa, con sus vacilaciones y confusiones, es la más «realista» de la novela, la que, debido a la ambigüedad de sus actos, responde menos a un esquema previo, en la que reconocemos lo imprevisto y lo relativo que caracterizan la vida verdadera. Marius se empequeñece porque es sólo un hombre en un mundo de gigantes, porque sus acciones no son grandiosas ni en el ámbito de la bondad, como las de Jean Valjean, el obispo de Digne o Gavroche, ni en el de la maldad, como las de Thénardier, ni en su fanatismo, como las de Javert, sino ambivalentes y signadas por la más grave de las carencias en este mundo romántico: la falta de teatralidad. Como los seres de carne y hueso, Marius es un ser contradictorio, en el que la generosidad y el egoísmo alternan como móviles de comportamiento, alguien que no puede prever las consecuencias que, justamente, darán a sus actos una valencia positiva o negativa. Con Cosette, con su padre muerto, Marius es capaz de desprendimiento, sacrificio y heroísmo; pero con su abuelo y con Jean Valjean actúa de un modo frío e incluso cruel. Esta ambigüedad debía hacernos de él una figura simpática, por su vecindad con nosotros mismos, pero, al contrario, nos la hace írrita e irreal. Comparado con los héroes contundentes que lo rodean y que reclaman nuestro amor y nuestro odio con tanta elocuencia, la normalidad de Marius nos resulta anormal. Su caso muestra, una vez más, que la ficción no es la vida sino su contradicción: una vida aparte, con leyes y reglas propias, en la que puede ocurrir, como en Marius, que el exceso nos parezca lo normal, y el «realismo», irrealidad.

Hablando de los malos de la historia, el divino estenógrafo los llama monstruos: «Quién no lo ha advertido, los seres odiosos tienen su susceptibilidad, los monstruos son quisquillosos» (III, VIII, XX, p. 811). Pero la monstruosidad —la inhumanidad— no sólo es atributo de ellos; también, de los buenos de la novela. En casi todos los personajes predomina, sobre la inteligencia y la razón, un instinto que infaliblemente los guía en la dirección que corresponde a su naturaleza benigna o maléfica: «En efecto, parecería que existe en ciertos hombres un verdadero instinto bestial, puro e íntegro como todo instinto, que crea las antipatías y las simpatías, que separa fatalmente una naturaleza de otra naturaleza, que no vacila, que no se turba, que no se calla y que no se desmiente jamás, claro en su oscuridad, infalible, imperioso, refractario a todos los consejos de la inteligencia y a todos los disolventes de la razón, y que, no importa cómo estén hechos los destinos, alerta secretamente al hombre-perro de la presencia del hombre-gato, y al hombre-zorro de la presencia del hombre-león» (I, V, V, pp. 176-177). Es verdad, en la historia vemos surgir esas relaciones de odio y amor, de amistad y hostilidad, de manera instantánea, como celularmente determinadas. Marius y Cosette se enamoran uno del otro sin necesidad de cruzar una palabra; Javert presiente en Monsieur Madeleine a una presa potencial antes de que medie el más mínimo dato que justifique sus sospechas; Jean Valjean adivina por puro pálpito el amor de Marius y Cosette; Marius se integra al grupo de amigos del A.B.C. por una suerte de ósmosis y Thénardier, apenas entra en contacto con el misterioso visitante que viene a llevarse a Cosette, olfatea «que se encontraba ante alguien muy poderoso…» (II, III, IX, p. 436). En el dominio moral, sobre todo, los personajes dan la impresión de encontrar instintivamente la buena o la mala dirección. André Maurois dice que Victor Hugo vivía «obsesionado por el dualismo maniqueo», que no podía ver sino en blanco y negro y que por eso encarnó en sus novelas lo sublime y lo grotesco en personajes diferentes, de donde resultan sus monstruos.* Es cierto, el maniqueísmo preside esta novela de seres programados para el bien o el mal por una suerte de mandato ontológico. En la realidad ficticia hay buenos y malos, y casi nada en el intermedio (una de las excepciones es Marius). Es verdad que, como ocurre con Jean Valjean, un hombre puede ser malvado y convertirse en justo, pero esta mutación no altera la dicotomía ética que divide a la fauna humana. Lo que no encontramos en la realidad ficticia son seres en los que, como ocurre en el mundo real, coexistan la posibilidad de hacer el bien y el mal, la ambigüedad y las contradicciones morales. Este maniqueísmo, frecuente en la literatura romántica, es herencia de la literatura medieval y sus historias edificantes en las que siempre se enfrentaban por interpósitas personas Dios y el Diablo, e irremisiblemente terminaba triunfando el primero. Pero, dentro de esta generalización, otros elementos establecen sutiles diferencias en la vasta clasificación que separa a buenos de malos en *Los Miserables*.

El santo

Monseñor Bienvenu Myriel y Jean Valjean, que integran el partido de los justos, no pueden ser más distintos. En tanto que serlo, para el ex forzado, significa una conquista heroica, de ribetes trágicos, el bien fluye de

* André Maurois, *Olympio ou la vie de Victor Hugo*, París, Hachette, 1954, p. 145.

monseñor Bienvenu —como de Éponine o de Gavroche— con la naturalidad de la transpiración. Es el menos quisquilloso de los monstruos, sin duda.

Monseñor Bienvenu encarna una idea: la santidad. Fue un hombre mundano y próspero en su juventud, allá en Italia, donde estuvo casado, y no sabemos si en su vida de laico fue un pecador que experimentó una conversión. Desde que la novela lo atrapa, de sacerdote en Digne, ganándose el obispado gracias a una frase ingeniosa que dice al Emperador en un encuentro casual, su personalidad es de una pieza, indoblegable en el ejercicio de la compasión, la solidaridad y la generosidad. La pequeña mancha que asoma en este espíritu prístino es el prurito de comer con esos cubiertos de plata que han sobrevivido al naufragio de sus bienes, placer al que, le oímos decir, «difícilmente renunciaría» (I, I,VI, p. 25). En verdad renuncia a él con facilidad cuando se trata de ayudar a Jean Valjean, que le ha robado los cubiertos, a librarse de la policía. Para humanizarlo con unas gotas de imperfección, el divino estenógrafo le reprocha haber sido «glacial» con el Emperador en su período de decadencia; pero, incluso su inofensivo antibonapartismo está atenuado por acciones generosas, como dar trabajo en la catedral al pobre soldado que perdió el suyo por burlarse de Luis XVIII (I, I, XI, p. 53).

Monseñor Bienvenu es bondadoso, tranquilo, suave, con un olfato seguro en los asuntos del espíritu, un optimista convencido del triunfo inexorable del bien sobre el mal, que prefiere predicar con ejemplos en vez de sermones, un viejecillo simpático que apenas habla revela ingenio, buen humor. Nada lo enfurece ni saca de su bonhomía. Cuando el senador materialista y cínico lanza su monólogo provocador, asegurando que «el buen Dios está bien para el pueblo» en tanto que para los ricos y refinados es preferible la verdad de los placeres y del goce, el prelado le sonríe y lo felicita por su filosofía (I, I, VIII, p. 34). Y al descubrir en un adversario, el ex miembro de la Convención a quien todo Digne execra, un espíritu probo, no vacila en pedirle la bendición, como si se tratara de un santo.*

Negación del sectario y del dogmático, este católico es un espíritu tolerante, capaz de ceder. No anticipa, en modo alguno, a los curas progresistas del siglo XX, que identificarán la religión con la acción social y política y abrazarán la revolución —a veces, el marxismo—, y querrán casar a Cristo con Marx, en la teología de la liberación. Monseñor Bienvenu no es un revolucionario sino un santo y su personalidad procede de las historias edificantes del catecismo y la religión popular; cualquier forma de violencia es refractaria a su naturaleza, así como toda ideología política e, incluso, cualquier intento de racionalización intelectual de la fe. Para él, la fe está hecha de sentimientos y amor más que de ideas; es impulso, emoción, desprendimiento, acciones, antes que teoría y doctrina. Su figura benévola parece delinearse en aquella genealogía de personalidades de la Iglesia católica —un abate Pierre, una madre Teresa— que practican

* Este episodio, añadido en la versión de 1860-1862, causó escándalo y fue el más atacado por los críticos ultramontanos al publicarse la novela.

con abnegación el mensaje evangélico de la solidaridad con los humildes al margen de toda ideología.

En su *Journal d'exil*, Adèle Hugo refiere que en las reuniones familiares en Marine Terrace, en Jersey, cuando Victor Hugo se disponía a retomar la novela abandonada desde 1848 («por causa de revolución»), hubo entre él y su hijo Charles encendidas discusiones en torno al personaje de monseñor Bienvenu. Charles Hugo atacaba a los curas «enemigos de la democracia» y lamentaba que su padre hiciera del obispo de Digne «un prototipo de perfección e inteligencia». Le sugería que, en vez del religioso, inventara a alguien «de profesión liberal y moderna, por ejemplo un médico...». La respuesta de Victor Hugo fue contundente: «No puedo poner el futuro en el pasado. Mi novela ocurre en 1815. Por lo demás, este sacerdote católico, esta pura y alta figura de verdadero sacerdote es la sátira más sangrienta del sacerdote actual... No me interesa la opinión de los republicanos ciegos y tercos. Sólo me importa cumplir con mi deber... El hombre necesita la religión. El hombre necesita a Dios. Yo lo digo en voz alta, cada noche yo rezo...»[*]. Ésta es otra función del obispo de Digne en la novela: ejemplificar el cristianismo al que se adhería Victor Hugo y la manera como los pastores de esta iglesia espiritualizan la vida. En su vasto ensayo de introducción a la novela, que luego descartó, «Philosophie, commencement d'un livre», Victor Hugo exhortaba al lector a leer *Los Miserables* como un «libro religioso».

[*] Citado por Bernard Leuilliot, «Commencement d'un livre», en *Lire Les Misérables*, París, José Corti, 1985, p. 61.

El cometido principal que cumple el obispo de Digne en *Los Miserables* es provocar la mudanza del ex forzado Jean Valjean de malvado en justo. Esta conversión, parecida pero no idéntica a la que la nobleza y bondad de Jean Valjean causan al final en Javert, es el hecho más importante de la historia, pues de ella se derivan los sucesos más decisivos de la novela. Por eso, monseñor Bienvenu, aunque desaparece físicamente en la primera parte, es una presencia invisible que acompaña como un halo todas las vicisitudes del ex forzado, y resplandece simbólicamente en el episodio final, en los candelabros que Jean Valjean tiene, junto a su lecho de muerte, como prueba de haber sido fiel hasta el último instante al compromiso con el bien que le hizo contraer, a su paso por Digne, el obispo Myriel.

El justo

Jean Valjean es la figura central de *Los Miserables*, un personaje tan excesivo como el propio narrador, alguien de quien Marius puede decir con justicia: «¡Tiene todas las valentías, todas las virtudes, todos los heroísmos, todas las santidades!» (V, IX, V, p. 1.478). Si nos atenemos a su fuerza física, el ex forzado constituye un caso prodigioso. Nada más que levantar con sus hombros como un Atlas la carreta que aplastaba al viejo Fauchelevent y alzar con una mano a Marius, cuando el joven cae desvanecido en la barricada y llevárselo en peso, horas de horas, por los meandros del intestino de Leviatán, delatan a un coloso. La última hazaña es tanto más sorprendente cuanto que para entonces —había nacido a fines de 1768 y el entierro del general Lamarque que da inicio a la insurrección ocurre en junio de 1832— el forzado tenía entonces sesenta y cinco años. No menos admirable es la agilidad que le permite salvar al marinero de Toulon que queda colgado de lo alto de un mástil o trepar como un gato, con la pequeña Cosette a cuestas, el muro vertical del convento del Petit-Picpus escurriéndose así de las manos de Javert. Estas proezas de Jean Valjean recuerdan a los héroes de la ficción, y, especialmente, al Vautrin de *Las ilusiones perdidas*, de Balzac —hasta en los nombres hay reminiscencias—, con quien el personaje de Hugo comparte la potencia muscular, el prontuario carcelario, las misteriosas apariciones y desapariciones, el cambio de nombres (el abate Herrera de *La Comedia Humana* es el Monsieur Madeleine de *Los Miserables*) y la inapetencia carnal.

Pero, a diferencia de Vautrin, ser sin escrúpulos, Jean Valjean es intrínsicamente moral. Condenado a galeras por haber robado un pan, sus repetidos intentos de evasión prolongan su pena hasta mantenerlo diecinueve años en la cárcel. Allí se destaca por su natural huraño y solitario y por su fuerza, antes que por su crueldad. Sólo cuando sale libre y llega a Digne y es maltratado por los dueños de albergues y hosterías, y alojado por el generoso obispo, tenemos constancia de sus malos instintos: el robo de los cubiertos de plata a monseñor Bienvenu y de la moneda a Petit-Gervais, el niño saboyano. El gesto magnífico del obispo muda su naturaleza. Desde entonces, Jean Valjean inicia una gesta de sacrificios, renuncias, generosidades y abnegaciones que, al final de su vida, harán de él una figura semejante a la del Redentor: «El forzado se transfiguraba en Cristo» (V, IX, IV, p. 1.475).

¿Puede hablarse de una evolución en Jean Valjean? No hay en él un proceso, un camino lleno de vueltas y revueltas —dudas, rectificaciones, caídas, cambios— que vayan distanciándole del error y acercándolo a la verdad. Hay una conversión, una mudanza súbita y fatal. Las crisis que padece no se deben a que le resulte difícil, en el «affaire Champmathieu» o en su relación con Marius, desentrañar la obligación moral, la conducta digna, sino a la angustia que le produce imaginar las consecuencias de aquellos actos: volver a la cárcel en el primer caso y, en el segundo, perder a Cosette. Jean Valjean sufre pero no vacila. Sus desgarramientos jamás lo llevan a cuestionar una ética cuyos preceptos son tan nítidos para él como para Javert las disposiciones de la ley. Que aquella moral a la que trata de sintonizar su vida le exija sacrificios tan inhumanos como volver al ergástulo, donde ha pasado ya media vida por un delito ínfimo, o separarse de la niña que es lo único que tiene en el mundo, no lleva a Jean Valjean a poner en tela de juicio aquel sistema ético, sino a verse a sí mismo como un ser débil e imperfecto, que no está a la altura de sus propias convicciones. ¿Se trata de un estoico? Sin duda. Acaso, también, de un masoquista. Jean Valjean es, además, un hombre de una capacidad intelectual notable: inventa un procedimiento industrial que lo hace rico y tiene conocimientos agrícolas que asombran a los vecinos de Montreuil-sur-mer (como la utilidad que se puede sacar de las ortigas).

Ahora bien, a diferencia de la naturalidad con que se da la práctica del bien en monseñor Bienvenu o

Gavroche, cuya bondad tiene un semblante alegre, vital y risueño, en Jean Valjean ser bueno y justo es una elección agónica, que lo obliga a vivir en peligro, en el conflicto y la tortura psicológicos, y hace de él un personaje sombrío, desprovisto de humor. Ama tiernamente a Cosette, sin duda, y es desprendido hasta lo infinito con el prójimo, pero difícilmente se podría decir de él que ama la vida. Lo que transpira de su conducta con frecuencia es el freudiano instinto de muerte, que lo lleva a infligirse sufrimientos con el argumento —¿la coartada?— de la expiación. Es cierto, la vida lo maltrató en su juventud miserable, lo encerró en la cárcel con una pena desproporcionada, y la prisión lo privó de alegría y vitalidad; pero, aun comprendiendo las razones que hicieron de Jean Valjean el lobo estepario en que se ha convertido, hay entre él y el común de los mortales la distancia que separa al ser humano del monstruo, sea éste angelical o diabólico. Su historia es conmovedora y su indulgencia para con sus verdugos nos llena de admiración. Pero, lo sentimos tan lejos de nosotros, simples mortales, que difícilmente le tendríamos el cariño fraternal y la simpatía que nos merece un Gavroche. Porque la excesiva humanidad de Jean Valjean hace de él un personaje algo inhumano.

Rodea al ex forzado una zona de misterio que nunca desciframos del todo. Igual que en la maldad, hay en la bondad unos extremos que escapan a nuestra comprensión, que no tienen cabida dentro de lo vivido e irrealizan a sus autores. Con Jean Valjean está a punto de ocurrir varias veces en la historia, sobre todo en su relación con Javert, a cuya implacable cacería el ex forzado responde, siempre, con una falta de rencor y una magnanimidad que insinúan a veces una inclinación autopunitiva.

La más misteriosa escena de *Los Miserables*, uno de sus cráteres, tiene lugar en la emboscada que tienden a Jean Valjean en la *masure* Gorbeau, los Thénardier y la banda de forajidos de Patron-Minette. El ex presidiario, a punto de ser torturado, se adelanta a sus torturadores y se quema él mismo un brazo con un hierro candente. La razón de su extraño gesto, les dice, es demostrarles que no teme al dolor, que no hay tormento físico que lo pueda forzar a hacer algo que no quiere. No sólo los bandidos (y Marius, que espía el episodio desde su cuarto) quedan desconcertados con ese gesto truculento; también nosotros, los lectores. ¿Qué desata semejante exhibición jactanciosa y brutal? ¿La voluntad de ganar tiempo? ¿El orgullo? ¿Es un desplante histérico, dictado por la desesperación? Tal vez algo de todo eso, pero, también, una manifestación de esa ascesis de autocastigo y sacrificio en que Jean Valjean ha convertido su vida desde que el obispo de Digne lo ganó para el bien. Una conducta que, se diría, responde a una propensión recóndita de su personalidad hacia el dolor.

Ésa es la única manera de llegar a Dios, según él. Se lo dice a Marius, cuando le confiesa su condición de ex convicto: «Si se quiere ser feliz, señor, no se puede tener sentido del deber; pues, si uno lo tiene, el deber es implacable. Se diría que nos castiga por querer cumplir con él; pero, no, más bien nos recompensa, pues nos precipita en un infierno en el que nos sentimos cerca de Dios. Apenas nos hemos desgarrado las entrañas, nos hallamos en paz con nosotros mismos» (V, VII, I, p. 1.420). Su convencimiento de que el acercamiento a Dios exige la renuncia a toda forma de dicha, lleva a Jean Valjean, desaparecido Javert y ya libre de peligros, a alejarse de Cosette, lo que más ama en este mundo, y a sumirse en la soledad. En Jean Valjean, el bien, la santidad, tienen un sesgo antinatural.

Más que un hombre, Jean Valjean es un superhombre que se distingue de los demás por su fuerza y talento, y, sobre todo, por su capacidad para encajar el sufrimiento. Tanto, que uno llega a preguntarse si no hay en él una secreta complacencia con esos infortunios que le salen al paso y que él cree su obligación recibir con los brazos abiertos. Aunque se trata de un santo laico —cree en Dios y es un hombre religioso pero no un católico practicante—, su idea del deber coincide con la de los moralistas convencidos de que el camino de la perfección es el de la autopunición sistemática, el martirologio. Se trata de la vieja moral, que hace al hombre depositario de una culpa que viene con él al mundo y de la que debe redimirse a lo largo de la vida, a sabiendas de que todo, en su cuerpo y en su entorno, conspira contra esa redención y a favor de su caída. La ascesis y el martirio de Jean Valjean son sociales, se desenvuelven en un mundo histórico, en el que el mal se materializa en leyes, instituciones y en ciertas personas, y el bien, igualmente, en individuos programados para representarlo. Pero la historia y las relaciones sociales son en *Los Miserables* un decorado en el que, con distintos disfraces, se representa la ancestral lucha sin cuartel entre dos principios intemporales, metafísicos y religiosos: el bien y el mal, Dios y el Diablo, el cielo y el infierno. Jean Valjean es lo contrario de un rebelde; su heroísmo está en la humildad con que acata la ley, aunque su propia existencia sea una demostración clamorosa de lo injusta que es y de la contradicción que hay entre la ley del César y la ley de Dios. El ex forzado no sueña en rechazar los principios que rigen la marcha de esta sociedad ni en la necesidad de cambiarlos. Por el contrario, de las injusticias de este mundo deduce, como lección, la inevitable imperfección humana y la necesidad de la resignación y el espíritu de renuncia y sacrificio como norma de conducta. Él practica a lo largo de su existencia estas virtudes con una abnegación y un heroísmo tan extremos que resultan sospechosos. Al final de su vida, cuando, obedeciendo un imperativo moral, se aleja de Cosette, el narrador describe así su tragedia: «Por su voluntad y con su propia complicidad, se había privado de todas sus dichas; y ahora, después de haber perdido a Cosette entera en un solo día, vivía la miseria de seguirla perdiendo a pocos» (V, VIII, III, p. 1.444). En su búsqueda de la perfección, el ex galeote se despelleja a sí mismo tanto como lo hacen los otros. Semejante comportamiento sólo puede estar guiado por la convicción de que el hombre es constitutivamente perverso y la única manera como puede superarse moralmente es a través del dolor, o porque en esa continua humillación y escarnio de sí, encuentra una tortuosa gratificación, un morboso placer. Tampoco se puede excluir que ambos razonamientos sean, en verdad, uno solo.

Un mundo puritano

Además de quisquillosos, los monstruos de *Los Miserables* suelen ser castos. Según Henri Guillemin, todos los personajes capitales de Victor Hugo son vírgenes: Jean Valjean, Gilliatt, Gwynplaine, Cimurdain... Pero en ninguna otra de sus novelas es la castidad un estado tan significativo en los personajes centrales como en *Los Miserables,* donde Jean Valjean, Javert y el líder de la barricada, Enjolras, lucen como seres asexuados y desinteresados de la mujer. Incluso quienes viven un amor intenso, Marius y Cosette, parecen vacunados contra el sexo, demonio al que sucumben sólo las piltrafas morales —la pareja Thénardier—, y que causa la ruina y calvario de la pobre Fantine.

La castidad es una virtud suprema; también, el precio de la salud y de la fuerza física. El narrador lo subraya en el caso de Jean Valjean: «Su fuerza que, como sabemos, era prodigiosa y muy poco disminuida por la edad, gracias a su vida casta y sobria...» (V, III, IV, p. 1.313). También es notable la fuerza de Javert —su sola presencia se impone a los forajidos en la *masure* Gorbeau—, a quien, igual que a Jean Valjean, no se le conoce esposa, ni amante, ni la menor afición por las mujeres. El revolucionario Enjolras, que lidera la rebelión en la barricada de la Chanvrerie —un puro, un fanático republicano, un jacobino idealista—, ha prescindido del sexo, como si éste pudiera apartarlo del ideal y privarlo de recursos físicos y morales para el combate político. En las horas afiebradas de la barricada, su amigo Bossuet asegura que todos los compañeros que se baten con ellos tienen amantes y que su recuerdo los anima en este trance. Y añade: «Y bien, Enjolras no tiene mujer. No está enamorado y ha conseguido ser intrépido. Es algo inusitado que alguien sea frío como el hielo y audaz como el hierro» (V, I, XIV, p. 1.237). El narrador se encarga de corregir a Bossuet: Enjolras no tiene mujer, pero sí tiene una amante: la Patria. Las queridas abstractas a las que Jean Valjean y Javert han sacrificado las mujeres de carne y hueso son, para el primero, el deber que lleva a Dios, y, para el segundo, la ley, la justicia de los hombres.

El amor, el sexo, aparecen como debilidades de las que los grandes protagonistas de la historia —los monstruos— prescinden, a fin de fortalecerse física y moralmente y estar de este modo en condiciones óptimas para realizar su misión, sea ésta acercarse a Dios, hacer cumplir la ley o llevar a cabo la revolución. Los apareamientos, los deseos carnales son atributos de esas mediocridades, los seres humanos, a los que «la vena negra del destino» generalmente hace pagar caro la sensualidad del amor. Es el caso de la desdichada Fantine. Sin padre ni madre, ser anónimo, salida del pueblo, venida a París de Montreuil-sur-mer a buscar fortuna, esta muchacha rubia, de lindos dientes, se enamora del bohemio Tholomyès y se entrega a él, que la embaraza, antes de abandonarla. ¡Qué penitencia deberá pagar la bella Fantine por haber cedido a la tentación del amor físico! Será explotada de manera inicua por los Thénardier a quienes ha confiado su hija, expulsada de su trabajo por ser madre soltera, condenada a la mendicidad y a la prostitución, a vender sus cabellos y sus dientes, y a morir joven, sin volver a ver a la pequeña Cosette... ¡Qué desastres produce el pecado de la carne! En lo que concierne al sexo, la moral de *Los Miserables* se ajusta como un guante a la moral católica en su versión más intolerante y puritana.

Esto es sobre todo evidente en los amores de Marius y Cosette, que, como también pertenecen a esa colectividad de mediocre valencia en el mundo de la ficción —los seres del común—, pueden incurrir en esa práctica de la que se han emancipado los monstruos. Ahora bien, el amor de esta pareja es de una inmaterialidad extremada, el sexo ha sido quirúrgicamente apartado de ellos para que su relación sea exclusivo sentimiento. Antes del matrimonio los jóvenes intercambian un solo beso, que no vuelve a repetirse, porque, como dice el narrador, ni Marius ni Cosette se habían enterado de que existía el deseo carnal. En uno de sus encuentros, Cosette se inclina, se abre su corsé, asoma su garganta y, en el acto, Marius aparta la vista: «Había una distancia que no franqueaban. No porque la respetasen: porque la ignoraban» (IV, VIII, I, p. 1.027). Los diálogos de estos virtuosos amantes son tan irreales como sus conductas amorosas, y por ello los episodios de los enamorados conversando resultan los más artificiales de la novela.

Ni que decir que Marius y Cosette, que no han tenido antes de conocerse amor alguno, llegan vírgenes al matrimonio. Su boda tiene lugar el 16 de febrero de 1833, día en el que Victor Hugo y su amante Juliette Drouet celebraron su primera noche de amor. Pero, a la hora de escribir este episodio, Victor Hugo se las arregló para confundir en la ficción la primera noche de amor con su amante y la que había tenido con su esposa, Adèle

Foucher, once años antes, la del 12 al 13 de octubre de 1822. Pues a esta noche de bodas el joven Victor Hugo, de veinte años de edad, llegó virgen, como Marius. En esa época creía firmemente que el sexo sólo era lícito dentro del matrimonio. Se lo escribió a Adèle Foucher, cuando eran novios, el 23 de febrero de 1822: «Yo tendría por una mujer ordinaria, es decir, muy poca cosa, a una joven que desposara a un hombre sin estar moralmente segura, por los principios y el carácter de este hombre, no sólo de que es decente, sino además, y empleo con deliberación la palabra adecuada en toda su plenitud, de que es *virgen*, tan virgen como ella misma...» (La cursiva es de Victor Hugo.)

¿Significa eso que de adolescente y de joven el autor de *Los Miserables* fue tan desencarnado y espiritual en el amor como Marius y los monstruos de su novela, y que en *Los Miserables* recreó un mundo impregnado de la inocencia y el santo horror a los apetitos carnales como el que vivió de joven? Si así fue, ello trasluce sobre todo la nostalgia de un pasado remoto pues es sabido que, con su juventud, el ideal de pureza física desapareció de la vida de Hugo y lo reemplazó una desmedida incontinencia sexual. Si creemos el testimonio de Madame Juana Richard Lesclide* en su misma noche de bodas con Adèle Foucher, el joven poeta comenzó a recuperar el tiempo perdido pues ¡hizo nueve veces el amor a su flamante esposa! Esta improbable hazaña, por lo visto, disgustó

* Madame Richard Lesclide, *Victor Hugo intime*, París, Félix Juven, 1902, p. 197.

prematuramente a Madame Victor Hugo del sexo, al que desde entonces parece haberse resignado sin mucha alegría, y no por muchos años, pues, luego del quinto hijo de la pareja, Adèle Foucher no volvió a hacer el amor con su marido, alegando que no quería más embarazos. (Sus amoríos con Sainte-Beuve parecen más inspirados en sórdidos resentimientos y deseos de desquite que en una genuina pasión.)

Victor Hugo, en cambio, continuó practicando el sexo, con un brío que desmiente la filosofía de *Los Miserables* según la cual la fuerza física y la espiritual están en relación inversamente proporcional a los placeres carnales. En su caso, sexo y fortaleza física e ímpetu creativo se conciliaban a la perfección y se potenciaban mutuamente. Sin embargo, Henri Guillemin, en su estudio *Hugo et la sexualité*, señala que en los períodos en que más trabajó en la novela el apetito sexual del gran hombre se atenuaba: «… por ejemplo, cuando trabaja furiosamente en la corrección de las pruebas que le llegan de los dos primeros volúmenes de la novela, apenas si, de cuando en cuando, le interesa alguna mujer para dedicarle una caricia casi distraída de hombre que piensa en otra cosa…»[*].

En todo caso, la abolición y satanización del sexo que perpetran *Los Miserables* contradice una propensión del autor, quien, desde que rompió su castidad adolescente, tuvo una intensa vida sexual, con su esposa, con

* Henri Guillemin, *Hugo et la sexualité*, París, Gallimard, 1954, p. 96.

Juliette Drouet y numerosas amantes y aventuras de ocasión, y que hasta en su avanzada vejez siguió haciendo el amor con mujeres de toda condición. Los años del exilio, en Jersey, en Guernesey, donde Victor Hugo llevó también a Juliette Drouet, cuya casa podía divisar desde la torre de Hauteville House en la que escribía, ha sido llamada, por sus biógrafos, «la era de las sirvientas», por razones que se sobrentienden. Se acostaba con ellas, o sólo las acariciaba o contemplaba desnudas, y en función de una cosa o la otra las retribuía. Gracias a esta escala de remuneraciones —es sabido lo cuidadoso que era Victor Hugo en lo concerniente al dinero— tenemos un testimonio de primera mano de estas diversiones sexuales con las que se gratificaba, a la vez que —¿como un exorcismo moral? ¿como un *mea culpa*?— escribía esa teodicea de la asexualidad que son *Los Miserables*.

Aquella ley casi sin excepciones según la cual un novelista recrea el mundo en sus novelas a imagen y semejanza de sus demonios personales es flexible y sutil, y admite extraños retorcimientos. En *Los Miserables*, el mundo del sexo ha sido inventado a partir de la nostalgia por una adolescencia y juventud lejanas en que Victor Hugo fue —o quiso ser— un joven tan puro como el irreal Marius y de un secreto e irracional rechazo a la pasión carnal que lo poseyó toda su vida. ¿Qué mejor prueba de que una novela es una tentativa de recreación y de exorcismo para quien la escribe, y, a menudo, para quien la lee?

Después de Jean Valjean, el monstruo más importante de *Los Miserables* —acaso el más notable personaje que creó Victor Hugo— es el policía Javert. Encarna el malvado frío de la novela, en la opinión generalizada de los críticos. También en la del narrador, quien, sin embargo, insiste en llamarlo «justo», «puro» e «incorruptible». Desde luego que no es simpático, pero, si se lo analiza desapasionadamente, debemos reconocer que este hombre, nacido en una prisión, hijo de una adivinadora que echaba las cartas y de un pobre diablo condenado a galeras, ha empeñado su vida en cumplir la ley y en hacer que los demás la cumplan. Él lleva este empeño a unos extremos fanáticos y aberrantes. Ahora bien: ¿tiene Javert la culpa de que la ley esté mal hecha? Para el policía se trata de una ecuación muy simple: gracias a su trabajo, la vida se organiza dentro de un orden y la sociedad es posible; sin él, la vida sería caos y desintegración.

La filosofía de Javert, sustentada en dos sentimientos simples —respeto a la autoridad y odio a toda forma de rebeldía—, está admirablemente resumida en la frase que le dice a Monsieur Madeleine: «Dios mío, qué fácil es ser bueno, lo difícil es ser justo» (I, VI, II, p. 220). El narrador, un romántico, detesta la ley: prefiere los impulsos, el gesto individual y soberano a la norma colectiva. Javert, como el juez de Camus en *El extranjero*, antepone la justicia a la vida y, el narrador, la vida a la justicia. Ambos, sin saberlo, están de acuerdo en que las dos cosas son incompatibles. Lo que hay de necesario, riesgoso, injusto, inevitable y a la vez de inhumano en las relaciones entre la ley y la vida, se vislumbra mejor que en ningún otro episodio en el encuentro de Javert y Jean Valjean junto al lecho de la agonizante Fantine (I, VIII, III, p. 303). Cumpliendo con su deber de arrestar al ex forzado y diciendo la verdad sobre Cosette, el policía da el puntillazo final a la desdichada.

El momento de grandeza de Javert tiene lugar en la barricada de Chanvrerie, en plena insurrección, donde asoma con más fuerza que nunca su naturaleza de monstruo. Reconocido por Gavroche, interrogado por Enjolras para saber si es *mouchard* (soplón), reconoce de inmediato ser «agente de la autoridad». El narrador precisa que el policía «levantaba la cabeza con la serenidad intrépida del hombre que nunca ha mentido» (IV, XII, VII, p. 1.137). El coraje de Javert no desmerece frente al de Enjolras. Cuando los insurrectos le advierten que será fusilado dos minutos antes de que la barricada caiga, les pregunta por qué no lo ejecutan de una vez: «Para no desperdiciar pólvora». «Entonces, háganlo de una puñalada» (IV, XII, VII, p. 1.137). Quisquilloso, no lo olvidemos, quiere decir orgulloso, soberbio. Aunque están en bandos enemigos, la mentalidad de Javert, pese a su espíritu estrecho, no es muy distinta de la de Enjolras, el revolucionario. No dudan, creen ciegamente en una verdad —en una justicia— a la que están dispuestos a sacrificar la vida, propia o ajena. Se trata de dos fanáticos, uno de derecha y otro de izquierda.

¿Qué representa Javert? ¿La policía? Algo más vasto: la civilización humana, esas reglas, leyes, tabúes, ritos que los seres humanos deben respetar para vivir en comunidad, so pena, si las violan, de precipitar a la sociedad en la anarquía, una jungla donde sólo sobreviven los fuertes. Javert representa la razón humana opuesta al instinto y a la imaginación, la justicia social opuesta a la libertad individual, los derechos de la colectividad opuestos a los del individuo. Hay algo en él que nos resulta profundamente antipático, aun reconociendo que su función es imprescindible para nuestra supervivencia en comunidad. ¿Que sea un policía? No, ésa es la apariencia. Que él simboliza la mutilación —la represión del instinto y los deseos irracionales, la codificación y embridamiento de la fantasía y los apetitos— que es el precio que pagamos para que la vida en sociedad sea posible. El romanticismo es un movimiento que, oscuramente, reivindica esa «parte maldita» de lo humano, como la llamó Bataille —el instinto, la sinrazón, los deseos, la vida como lujo y gasto— y, en el personaje de Javert, Hugo encarnó, con intuición maravillosa, ese corsé social, indispensable a la vez que intolerable en el paradójico destino de los seres humanos.

Javert es también, como Jean Valjean, un superhombre, un dechado de perfección llevado a extremos de irrealidad. Por adhesión perruna a la «norma» no vacila en ir contra sus propios intereses, como cuando pide a Monsieur Madeleine que lo castigue por haber dudado de él, que es el alcalde, es decir, su superior. Su coraje tiene ribetes asombrosos, pues no vacila en jugarse la vida metiéndose a la barricada a espiar a los revolucionarios, donde, en efecto, es descubierto y condenado. No mueve un párpado cuando se da la orden de liquidarlo y al oír que Jean Valjean reclama el privilegio de matarlo, murmura, inmutable: «Es justo» (V, I, XVIII, p. 1.255).

Se trata de un buen perdedor, glacial en la derrota como en la victoria. Y su sentido del deber es abrumador. Después de haber rozado la muerte en la Chanvrerie, apenas es liberado por Jean Valjean corre a la prefectura de Policía a dar parte y «retorna inmediatamente a su servicio» (V, III, IX, p. 1.331). Porque en la barricada, precisa el narrador, mientras, atado, esperaba su ejecución, Javert «había observado todo, escuchado todo, entendido todo y retenido todo…»; «… seguía espiando incluso en su agonía» porque era un «espía de primera calidad» (V, III, IX, pp. 1.332-1.333).

Acaso el más intenso y complejo episodio de la novela sea el Libro IV de la quinta parte: «Javert extraviado». Ese ser vertical, unidimensional, que parecía de granito, de pronto se llena de dudas y el mundo, hasta entonces lógico y simple para él, se le vuelve de una complejidad insoportable. ¿Qué descubre Javert, gracias a Jean Valjean? Que la ley y la moral pueden ser distintas, incluso enemigas, y que al dejar libre al galeote fugitivo ha obrado de acuerdo con sus sentimientos y en contra de su razón, que ha preferido esa confusa, no escrita regla moral surgida en el seno de su conciencia individual, que lo inducía a devolver un favor al hombre que le salvó la vida en la barricada, a la regla escrita, a la ley social, que le ordenaba devolver al penado fugitivo a la prisión. Javert, dice el narrador, ha comprendido que existe el bien, Dios. En realidad, ha descubierto la existencia de verdades contradictorias, de valores incompatibles entre sí, la inexorable confusión del bien y del mal en ciertas experiencias humanas. Advertir que el bien y el mal no son, como él daba por hecho, algo rígidamente separado y reconocible, sino caminos que se cruzan y descruzan y a veces se pierden el uno en el otro sin que sea posible distinguirlos, abruma a Javert y produce en él la «conversión» que lo lleva a matarse. Lo más espantoso que le ocurre es descubrir que en su propio ser hay algo que no controla, un sentimiento que obnubila su razón. Su muerte, en el abismo de los remolinos y torrentes del Sena, se parece a la de otro monstruo de Victor Hugo, el enano malvado Habibrah, de *Bug-Jargal*, que se suicida también, en cierta forma, en el abismo de las selvas dominicanas. «Él se decía que era pues cierto, que había excepciones, que la autoridad podía confundirse, que la regla podía ser insuficiente frente a un hecho, que no todo encajaba dentro del código. Que lo imprevisto podía hacerse obedecer, que la virtud de un forzado podía tender una trampa a la virtud de un funcionario. Que lo monstruoso podía ser divino, que el destino montaba esas emboscadas, y con desesperación pensaba que él mismo no había estado a salvo de una sorpresa» (V, IV, I, p. 1.347).

Como el Porthos de Alexandre Dumas al final de la saga de los mosqueteros, Javert muere el primer día de su vida en que tiene dudas, es decir, cuando un soplo de humanidad estremece su personalidad marmórea. Su suicidio no puede ser más trágico. No lo entiende nadie, empezando por él. Sus jefes creen que fue un arrebato de locura, y el propio Jean Valjean, el hombre que lo humanizó sumiéndolo en la desesperación, también piensa que Javert se mató «porque estaba loco». El gesto más importante de la vida de Javert es ignorado por todo el mundo.

Ángel de cara sucia

Si la novela transcurriera sólo en ese escenario de titanes espectaculares y sombríos, como Jean Valjean, Javert, o los Thénardier, no sería fácil para los lectores sobrellevarla sin sentirse abrumados en su larguísima trayectoria. Por fortuna, contrarrestan a esos personajes otros más risueños y vitales, más tiernos o ridículos o encantadores, como el abuelo de Marius, Monsieur Mabeuf, o, el más inolvidable de todos, Gavroche, el pilluelo de París.

Gavroche es una de las inmortales creaciones de Victor Hugo, uno de los personajes más seductores y tiernos de la ficción, que desde la aparición de *Los Miserables* hasta nuestros días se ha grabado de manera indeleble en la memoria de los lectores y ha saltado fuera del ámbito de la literatura para convertirse en un personaje mítico, que atraviesa las lenguas, los países, los años. Su presencia, relativamente corta en la historia, deja en ésta una huella imperecedera de alegría y humanidad, de amor a la vida, de ingenio, de buenos sentimientos y coraje frente a la adversidad, y de una limpieza de espíritu que la pobreza, el desamparo y la injusticia robustecen en vez de apagar. Biológicamente, es hijo de los horribles Thénardier, pero sus verdaderos progenitores son los pícaros de la novela española del Siglo de Oro, un Buscón o un Lazarillo, de los que ha heredado el gracejo, la astucia y las artes de la supervivencia. También, una rebeldía innata contra las leyes y las instituciones en las que instintivamente huele a un enemigo encarnizado de su libertad. Pero Gavroche, aunque comparte con el protagonista de la novela picaresca el individualismo indócil y la propensión sediciosa, no se ha encallecido moralmente en la lucha darwiniana por sobrevivir en esa sociedad que ha hecho de él un marginal. Por el contrario, lo más atractivo de su personalidad es que él se las arregla siempre, sin proponérselo ni tener conciencia de ello, para hacer el bien a sus semejantes a la vez que despliega sus innumerables destrezas y picardías para vivir. Su lucha por la vida es durísima, pero él no lo nota pues ha sabido convertirla en uno de esos juegos arriesgados que encantan a los niños. Vivir en el interior del elefante de la Bastille ¿acaso no mata dos pájaros de un tiro? Por una parte, provee un refugio a Gavroche contra el frío y la lluvia, y, de otra, convierte sus noches en una diversión atrevida y espectacular.

Así como Javert personifica al ciudadano del orden, el sometido y domesticado por las restricciones y frenos que hacen posible la coexistencia social, Gavroche encarna al individuo insumiso y marginal, que defiende su soberanía y la plenitud de su existencia contra las leyes y los reglamentos, demostrando, en su breve y luminosa existencia, que la justicia oficial, la de la autoridad y el establecimiento, está sustentada sobre una injusticia profunda, que hace padecer abusos y abandona en el olvido a millares de seres humanos. Viviendo al margen de la ley, Gavroche no hace daño a nadie; por el contrario, es capaz de ayudar a su prójimo y contribuir, aunque sea mínimamente, a aliviar las maldades e injusticias de que son víctimas los miserables. Gavroche es, a su manera pícara, un justiciero social.

Pero, más todavía que su bondad, es la alegría inconmensurable que siente por la vida, lo que nos hechiza en el pilluelo de París. Siempre está con una risueña cancioncilla en los labios, y una frase ingeniosa y burlona con la que distiende las situaciones más tensas e instala un clima de gracia, viveza y entusiasmo vital a su alrededor, aun en los momentos más tétricos, como cuando es llamado para que ayude en su fuga a los rufianes de Patron-Minette. Gavroche alcanza su apogeo de gracia y humanidad al desafiar la muerte, saliendo de la barricada para ir a rescatar un arma y unos proyectiles, preciosos para los insurgentes. Su muerte es uno de los momentos más trágicos de la novela y, también, la premonición del holocausto en que perecerán casi todos los rebeldes que siguen a Enjolras en el levantamiento de la Chanvrerie.

Gavroche es una prueba excelsa de que la bondad y la maldad no son hereditarias en la realidad ficticia; hijo de un par de seres diabólicos, los Thénardier, el niño nació arcangélico, el prototipo de esa larga genealogía de «ángeles de cara sucia», los niños buenos salidos del arroyo y viviendo en un entorno malévolo que poblarán tantas novelas y películas del siglo XX.

La bondad y la maldad son una esencia, un elemento constitutivo del ser que, en casos excepcionales, puede mudar de valencia dentro de la misma persona, como le sucede a Jean Valjean. A los Thénardier, desde luego, no les pasa nada semejante. Desde que el tabernero aparece en la historia, como un animal carroñero en el campo de Waterloo saqueando los cadáveres de los vencidos, hasta que desaparece, a la distancia, en América, dedicado a la horrible profesión de la trata de esclavos, todos sus actos, pensamientos y designios manifiestan su esencia perversa, su falta de escrúpulos, su crueldad, su condición de excrecencia humana, de personaje de la noche y el crimen. Aunque menos redondeada que él, la figura de su mujer, la tabernera, complementa muy bien a ese ser sin sentimientos ni humanidad que es su marido. La manera como Madame Thénardier trata a Cosette nos muestra, también, que no hay en esa mujer límites para el ejercicio de la crueldad.

Y, sin embargo, estos «padres terribles» no sólo han engendrado al magnífico Gavroche. También a la delicada y bondadosa Éponine, otro de esos seres de la ficción misteriosamente tocados por la gracia de Dios. Su secreto amor por Marius, que incluso el narrador tan lenguaraz silencia, limitándose a dejarlo transparecer delicadamente de la conducta de la muchacha, es uno de los motivos más sutiles de la novela. Las dos hijas de los Thénardier tienen apelativos literarios. La madre leía novelitas cursis y sensibleras y de ellas tomó los nombres de Éponine y Anzelma. Pero, además de ese ser bueno y trágico que es Éponine, hay en ella una calidad fantasmal, como ha observado Pierre Albouy*. Éponine está descrita en la novela de manera fantasmagórica, más como una aparición que como ser de carne y hueso. Marius divisa «en la bruma» a las dos hijas de los Thénardier, las ve huir y desvanecerse en la oscuridad y reflexiona que, antes, se le aparecían como unas *jeunes filles* que eran

---

* Pierre Albouy, *La création mythologique chez Victor Hugo*, París, José Corti, 1963, pp. 200-201.

ángeles; ahora son *les goules* (los vampiros). Éponine es «algo parecido a las formas de la sombra que atraviesan los sueños», va y viene por la mansarda «con una audacia de espectro». Es «la enviada de las tinieblas» que revela a Marius «toda una dimensión espantosa de la noche». Surge súbitamente en el jardín del viejo Mabeuf, y éste, al percibir su paso leve, cree ver «un fuego fatuo». Esta niña fantasmal se aparece a los ladrones de Patron-Minette y les impide saquear la casa de Cosette de la rue Plumet: aparición misteriosa en la noche, «sus sangrientas pupilas de espectro» «hacen retroceder a los bandidos que creen sentir algo así como la presencia de lo sobrenatural».

Personajes colectivos

El elenco de *Los Miserables* es muy numeroso, casi vertiginoso si tomamos en cuenta a las comparsas que sirven de telón de fondo a los héroes y personajes principales, en los ambientes y situaciones —la prisión, el convento, la fábrica, el campo de batalla, la revolución callejera— por los que transcurre la historia. Para multiplicar esta fauna humana y conferir a la realidad ficticia la impronta de totalidad a que aspira toda ficción, en *Los Miserables* hay, junto a los personajes individuales, unos conjuntos humanos o personajes colectivos. Estos seres funcionan como partes inseparables de un ser plural. Los une cierta afinidad social y psicológica, como a los estudiantes bohemios —Blachevelle, Fameuil, Listolier y Tholomyès— y las alegres modistillas, sus amantes

—Zéphine, Dahlia, Favourite y Fantine—, placenta gregaria de la que, sólo al terminar la jornada de fiesta y paseo que reúne a las cuatro parejas, se desprenderá como personaje individual la futura madre de Cosette. Hasta entonces y por toda una larguísima escena, los cuatro jóvenes bohemios y las cuatro modistillas son poco menos que indiferenciables, actuando, hablando y gozando al unísono, como si cada uno de ellos y de ellas fueran las partes animadas de un ser cuatrifacético, un pulpo conformado, en vez de brazos o tentáculos, por personas.

Los episodios donde esto sucede, en el Libro III de la primera parte titulado «En el año 1817» (Capítulos II a IX), están precedidos de una enumeración también vertiginosa a la vez que risueña, una crónica de los grandes hechos y ocurrencias de aquel año, lo que crea un clima apropiado para esos episodios en los que, a diferencia de los precedentes, a los personajes individuales van a suceder dos personajes colectivos: los estudiantes bohemios y sus conquistas femeninas a las que, sorpresa de fin de fiesta, se disponen a abandonar.

Los estudiantes revolucionarios del A.B.C. a los que se vincula Marius al abandonar la casa de su abuelo, funcionan también como un personaje colectivo, sobre todo al principio, cuando resulta muy difícil diferenciarlos. Enjolras, Combeferre, Jean Prouvaire, Feuilly, Courfeyrac, Bahorel, Lesgle ou Laigle, Joly y Grantaire son, hasta la barrricada, poco menos que un solo ser de muchas caras, jóvenes inconformes nacidos en el Midi (la excepción es Laigle) y avecindados en París, donde practican los mismos ritos y comparten las mismas costumbres. El lector, al principio, lucha por distinguir lo que hay de específico en cada uno de ellos, además de los nombres; pronto advierte que es un empeño inútil, pues aunque, en apariencia, son varios, se trata de un solo ser diseminado en figuras que se complementan y acompasan en iniciativas, diálogos y comportamientos. Sólo más tarde, en la prueba de la barricada, el personaje colectivo experimenta un proceso de diversificación jerárquico, donde irán perfilándose tipos individuales más o menos independientes, entre los extremos que representan el republicano radical y líder, Enjolras, imbuido de ideas y de ideales, y el borracho Grantaire, pesimista y cínico, que se hace matar junto a aquél sólo por amistad.

Otro personaje colectivo importante en *Los Miserables*, aunque su presencia sea menos expuesta que la de los anteriores —algo natural pues quienes lo componen pertenecen a la especie de los «tenebrosos»—, es la banda de Patron-Minette. Babet, Gueulemer, Claquesous, Jondrette y Montparnasse, a quienes los Thénardier reclutan para la emboscada de la *masure* Gorbeau, dejan un relente de pavor y escalofrío cada vez que asoman, siempre en las sombras, como salidos del averno, porque su sola presencia, truhanesca y feroz, nimbada de tufos carcelarios y prontuarios delictivos, presagia la sangre, el delito y el crimen. Casi no se les escucha la voz; apenas se divisan sus siluetas en esos claroscuros en los que se mueven, como si la luz del día pudiera desintegrarlos. Y andan siempre en grupo, como si ahora que están libres los siguiera uniendo la cadena de los forzados —de la que vienen y a la que irán— que ha sellado entre ellos una fraternidad malévola, convirtiéndolos en una alimaña humana de cinco cabezas, diez patas y diez brazos.

Aunque con menos protagonismo que los anteriores, borrosos, más pasajeros y efímeros, otros personajes colectivos, como los forzados, compañeros de Jean Valjean en la cárcel de Toulon, Brevet, Chenildieu y Cochepaille, las monjitas del Petit-Picpus, los soldados de Waterloo, los guardias nacionales que aplastan la insurrección de París, y las muchedumbres que celebran el Carnaval en las calles el día en que Marius y Cosette se casan, aparecen en la novela como un horizonte animado —los coros del espectáculo—, delante del cual representan sus papeles —admirables, atroces o mediocres— los héroes de la historia. Representar: verbo que en la novela hay que entender como sinónimo de vivir. Porque en ella la vida es un gran teatro y los personajes —buenos y malos, semidioses o nulos, tenebrosos y luminosos— unos magníficos actores.

IV. El gran teatro del mundo

El héroe de *Los Miserables* se llama Jean Valjean, pero, en la prisión, debido a su fuerza descomunal los otros prisioneros lo rebautizaron Jean le Cric, en tanto que para los guardianes era sólo un número: primero el 24.601 y luego el 9.430. Ahora bien, la inestabilidad apelativa es incluso anterior al nacimiento del héroe de Victor Hugo, pues el padre de este campesino de la Brie probablemente no se llamaba Valjean sino Vlajean, un apodo tal vez, resultado de la contracción *Voilá-Jean*, ¡He aquí a Jean! (I, II, VI, p. 88).

Ya en libertad, Jean Valjean será Monsieur Madeleine, próspero industrial y alcalde de Montreuil-sur-mer, y, en París, el rentista Monsieur Leblanc, Urbain Fabre y, en el convento del Petit-Picpus, Ultime Fauchelevent o simplemente «el otro Fauchelevent», como suelen llamarlo las religiosas. No termina aquí el baile de los nombres de Jean Valjean, pues, en varios momentos de la historia le ocurre —también a otros personajes— caer en el anonimato por decisión del narrador, quien, como si se entretuviera barajando las identidades de sus criaturas, súbitamente desbautiza al personaje y se refiere a él de manera enigmática, «el hombre», «la persona», «el ser humano». Sucede en varias ocasiones.

Por ejemplo, en el Libro III de la segunda parte —«Cumpliendo la promesa hecha a la muerta»—, los capítulos que narran el encuentro de Cosette en las tinieblas del bosque con el desconocido que la ayuda a cargar el cubo de agua y su rescate posterior de manos de los Thénardier, la identidad de Jean Valjean es soslayada, algo ingenuamente, pues el lector lo reconoce al instante. Y, como si no bastara con los varios nombres que él se inventa, hay otros que le atribuye la gente: en Montreuil-sur-mer, cuando los vecinos se enteran de que Monsieur Madeleine es un *galérien* chismorrean que su verdadero nombre era «horrible: Béjean, Bojean, Boujean» (I, VIII, V, p. 309).

Se ha dicho que la volubilidad de los nombres de los personajes procede de la miseria, que «los despoja de eso que la sociedad asegura a otros hombres: la individualidad, la palabra, la conciencia, la historia personal, la identidad»*. Pero en aquellas mudanzas hay algo más que un alegato social. Con estos juegos, el narrador no quiere engañarnos, sino subrayar, siguiendo las convenciones de la escena, el carácter teatral de la historia que refiere, la representación que son *Los Miserables*. La vida, en ella, es espectáculo, y sus personajes unos actores que, obedientes al melodramático guión, cambian a menudo de apariencia —de nombre— como ocurre sobre todo en las astracanadas del teatro popular.

---

* Guy Rosa, «Réalisme et irréalisme des Misérables», en *Lire Les Misérables*, París, José Corti, 1985, p. 226.

En un ensayo titulado «Les Misérables-Théatre-Roman»* Anne Ubersfeld recuerda que Victor Hugo comenzó a tomar notas sobre *Les Misères* al mismo tiempo que interrumpía la redacción de su obra de teatro *Les Jumeaux* (Los mellizos) y que empezó a escribir el texto casi inmediatamente después de su fracaso teatral con *Les Burgraves***. La novela nace cuando Hugo no ha cancelado del todo su etapa de autor dramático, y es plausible, en efecto, que la concepción y las técnicas del género se hubieran trasladado subrepticiamente a la ficción que escribía, imprimiéndole desde un primer momento una naturaleza teatral. Porque, cierto, el teatro es central en la novela, en su tema, en el ambiente en que evolucionan los personajes, sobre todo «los miserables» de la historia, como Gavroche, los Thénardier y los rufianes de Patron-Minette; y está presente en la manera de presentar la historia y en la conducta —desplantes, gestos, parlamentos— de los personajes. Para Anne Ubersfeld, Gavroche —que se llama Grimebodin y luego Chavroche antes de alcanzar su apelativo permanente— es el personaje más teatral de la novela, no porque su conducta sea especialmente histriónica sino porque el pilluelo frecuenta los teatros —por la puerta falsa— y mantiene

* Anne Ubersfeld, «Les Misérables-Théatre-Roman», en *Lire Les Misérables*, París, José Corti, 1985, pp. 119-134.
** Esta obra, estrenada el 7 de marzo de 1843 en la Comedia Francesa, alcanzó sólo 36 funciones y fue la que menos dinero hizo ganar a su autor. El público se reía de ciertos versos, la crítica fue burlona y humoristas y caricaturistas se ensañaron con ella. Victor Hugo no volvió a escribir teatro desde entonces.

relaciones con el mundo de la farándula que le permiten asistir gratis a los espectáculos. Además, observa que casi toda la banda de Patron-Minette —Babet, Gueulemer, Claquesous (quien se autoapoda *Pas du Tout*, Nada de Nada y en la barricada *Le Cabuc*)— están o han estado vinculados al teatro del bulevar, como payasos, cómicos o actorzuelos de melodramas. No hay duda, la novela muestra «una teatralidad de los bajos fondos, un teatro social del crimen, un carnaval del horror» (p. 124).

Adjetivos para el espectáculo

En un dossier para *Los Miserables* se encontró que Victor Hugo había elaborado esta lista de adjetivos: *Étonnant, extraordinaire, surprenant, surhumain, surnaturel, inouï, fauve, sinistre, formidable, gigantesque, sauvage, colossal, monstrueux, difforme, effaré, frissonnant, lugubre, funèbre, hideux, épouvantable, ténébreux, mystérieux, fantastique, nocturne, crépusculaire.** No eran adjetivos recolectados al azar, por razones de estilo, sino propiedades que debían impregnar la historia de *Los Miserables*. Y, no hay duda, consiguió su propósito, pues todos esos adjetivos convienen perfectamente a su operática novela.**

---

* En Henri Guillemin, *Pierres*, ob. cit., p. 267.

** No es de extrañar, por eso, que *Los Miserables* sea la novela de la que se hayan hecho más adaptaciones al teatro, a la radio, al cine, que existan de ella tantas versiones infantiles, dibujos animados o tiras cómicas y que haya inspirado a tantos pintores, dibujantes y artistas gráficos.

Ninguno de ellos alude al realismo, a una representación que reproduzca el mundo cotidiano, identificable por la experiencia del lector. Todos remiten a «otro» mundo, de exceso, desmesura, sorpresa y color. Un mundo semejante al que fingían los melodramas más truculentos del teatro dirigido al gran público. Un mundo que había saltado de los escenarios al folletín y alcanzado su apogeo con *Los misterios de París* de Eugène Sue (que se publicó del 19 de junio de 1842 al 15 de octubre de 1843 en *Le Journal des Débats*), novela que Victor Hugo leyó con entusiasmo y que canibalizaría provechosamente en su obra maestra.

Si releemos aquella lista de adjetivos, advertimos que casi todos parecen concebidos para definir a uno de los malos de la novela: el «tenebroso» Thénardier, cantinero y rufián, explotador, criminal nato, cuyas apariciones suelen ocurrir más en la noche que en el día pues siente un irresistible atractivo por las sombras, por vivir escondiéndose. Después de Jean Valjean es quien más veces cambia de nombre: Thénardier en Montfermeil, en París se llamará Jondrette, nombre con el que perpetra sus delitos. Cuando escribe sus cartas mendicantes, haciéndose pasar por artista dramático u hombre de letras, se disfraza con los apelativos de Genflot y de Fabantou. Javert, en cambio, tiene un único nombre —carece de apellido—, pero no por eso es menos teatral (aunque, sí, más sobrio en el hablar) que los otros personajes, pues lo vemos disfrazándose de mendigo de iglesia para espiar al ex forzado, al que, extremando el histrionismo, pide una limosna, que Jean Valjean le da. Tampoco los nombres de las hijas de los Thénardier son estables: la menor fue bautizada Gulnare pero termina por llamarse Anzelma; a la mayor, Éponine, Cosette la llama con una abreviación: Pomine.

De jovencita, a Fantine, debido a sus cabellos «color de sol» la conocían con el apodo de la *Blonde* (la Rubia) y el verdadero nombre de la hija de Fantine y Tholomyès es Euphrasie, pero su madre la llama Cosette y este apelativo prevalece. En Montfermeil la apodaban La Alondra. Marius, antes de conocerla, imagina que se llama Ursule. Madame Thénardier solía llamarla «Perra sin nombre» o «la otra», sin imaginar que esa orfelina a la que desprecia y explota, cuando se case, además de conquistar un apellido ganará el título de baronesa Pontmercy. Pero el continuo cambio de nombres —disfraces, máscaras— no es el único rasgo que señala la teatralidad de los personajes, su condición de actores; también que, sin cambiar de nombres, interpreten roles distintos: el Marius de la juventud, legitimista y monárquico como su abuelo, cuando reivindica a su padre se torna bonapartista y defensor acérrimo del Imperio. También le ocurre a Cosette, quien de niña es muy distinta de la jovencita que, luego de cinco años en el convento del Petit-Picpus, sale a enfrentarse a la vida de la mano de su protector, convertida en una burguesita sin misterio y sin vuelo, casi se diría sin alma por lo desvaída que es, y por esa indiferencia resignada con la que se deja llevar por la vida. Entre los cambios de roles que experimentan los personajes, uno de los más notables es el de Monsieur Mabeuf, el ex tesorero de la iglesia de Saint-Sulpice, al que, de enamorado celador de sus plantas y tierno botánico amateur, bueno y pacífico a carta cabal, luego de caer en la más completa miseria, vemos acudir a la barricada de la Chanvrerie, donde es tomado por un «representante del pueblo», por un «regicida», y donde morirá como héroe.

El gesto, la belleza y la vida

El cambio de nombres y de apodos, de disfraces, papeles y funciones, su condición de seres que en vez de vivir representan —para los que vivir significa representar— es, primeramente, consecuencia de su subordinación total al narrador de *Los Miserables*, ese director de la función cuya invasora personalidad vampiriza la soberanía de los personajes y cuyos hilos mueve a voluntad, convirtiéndolos en marionetas. El narrador es el único ser totalmente libre de este mundo, el único que goza de un libre albedrío sin recortes que ejerce a voluntad. Los personajes a los que borra y resucita a su capricho, tienen sus iniciativas y conductas rebajadas, porque, como los actores, deben sujetarse a un libreto, a unas acciones y discursos que les han sido rigurosamente atribuidos y que interpretan bajo la vigilancia indesmayable de ese director que, al primer signo de indocilidad del personaje, se adelanta y lo desplaza, monopolizando la acción.

Esta relación entre el divino estenógrafo y los personajes de *Los Miserables* recuerda la que estableció entre el Autor y sus criaturas Calderón de la Barca en uno de sus más famosos autos sacramentales, *El gran teatro del mundo*, que debió de escribirse, según los críticos, hacia

1635. Y no sólo por esto hay afinidades entre ambas obras. El drama calderoniano es una alegoría del destino humano, o de la historia, concebida como una farsa teatral, un simulacro histriónico de la auténtica vida, que no es la del cuerpo sino la del alma. Lo dice con toda precisión el Mundo:

> *Al teatro pasad de las verdades*
> *Que éste el teatro es de las ficciones.**

La vida es una ficción: sólo después de la muerte accede el ser humano a la vida verdadera. La vida terrenal es una representación en la que cada hombre y cada mujer tienen asignado un papel por un Autor del que cada ser humano depende como el esclavo de su amo. El Autor del auto sacramental calderoniano tiene sobre sus criaturas la misma autoridad abrumadora, asfixiante y total que en *Los Miserables* tiene el narrador y la libertad de que en la novela disfrutan los personajes es idéntica a la de aquellos actores en el tablado: el rumbo de su vida —su principio y su fin y la trayectoria que va de su cuna a su tumba— está trazado de manera inflexible e inevitable. Los personajes de la novela podrían decirle al divino estenógrafo lo que, en nombre de todos sus congéneres, dice el Rey al Autor en *El gran teatro del mundo:*

* Todas las citas han sido tomadas de Pedro Calderón de la Barca, *El gran teatro del mundo*, edición y estudio preliminar de John J. Allen y Domingo Ynduráin, Barcelona, Crítica, 1997.

Alma, sentido, potencia,
vida, ni razón tenemos;
todos informes nos vemos,
polvo somos de tus pies.
Sopla aqueste polvo, pues,
para que representemos.

Sin embargo, al interpretar su papel estos esclavos gozan de un margen de iniciativa, de improvisación e innovación que por momentos se confunde casi con el libre albedrío y consigue comunicar al espectador la sensación de que, como hacen tan bien su papel, con tanta compenetración y convicción, no actúan sino viven y que su vida, por tanto, no es vasalla de un libreto, sino goza de los riesgos e incertidumbres de la de quienes son libres y deciden por sí mismos sus acciones. Como en *El gran teatro del mundo,* en la novela de Victor Hugo, no importa cuán rico, vistoso y deslumbrante sea el espectáculo, la realidad primordial, aquella donde tiene lugar el drama profundo, no es la vida precaria de la carne y la conducta sino la otra, la invisible, la eterna, que antecede y sigue a la función.

Los actores de *Los Miserables,* como ocurre en el teatro y en el cine, no siempre nos dan la impresión de moverse al compás de los hilos del narrador. Depende de sus roles, algunos de los cuales —el de Gavroche, por ejemplo— personifican el espíritu insumiso y parecen dotados de una espontaneidad de la que otros están desprovistos. Pero depende también de la destreza con que interpretan su personaje, de sus aptitudes histriónicas. Todos las tienen, y, algunos, como el cómico de la novela,

Monsieur Gillenormand, en grado sumo, pues se mueve como pez en el agua en el clima de farsa, caricatura y paroxismo de que lo rodea el narrador.

La teatralidad del personaje —del mundo de *Los Miserables*— asoma, además, en su manera de hablar, y en la peculiar naturaleza de los diálogos. Todo ello está muy bien trabado para emancipar la novela de la realidad real y convertirla en realidad ficticia. El narrador y sus criaturas están siempre buscando el impacto emocional. Grandes gestos, frases efectistas rematando los largos parlamentos, como los oradores para arrancar el aplauso y, luego, esos monólogos que terminan por eclipsar a los interlocutores y dejar solo en escena al actor y su discurso. Algunos de estos monólogos comienzan como diálogos, pero, en un momento dado, mudan en soliloquios en los que, olvidando a sus interlocutores, el personaje, saliéndose de la escena, se dirige directamente al espectador.

La truculencia anda siempre rondando la función. Las situaciones son exageradas hasta el punto de ruptura de la verosimilitud, lo que, sin embargo, rara vez ocurre, debido a la maestría con que el director del espectáculo retiene, enfría o modera el exceso cuando éste amenaza con hacer perder credibilidad a lo narrado y mostrarlo como una caricatura de lo real. En verdad, la realidad de la novela es, como los espectáculos, una realidad independiente en sí misma. Manipulando y organizando de astuta manera los ingredientes de la realidad, el narrador ha construido otra realidad.

La busca del efecto mediante gestos y desplantes inusitados está detrás de muchas iniciativas y conductas.

¿Hay algo más teatral que la muerte del bohemio Grantaire, que, mientras sus compañeros se preparan a luchar y morir por sus ideales, se emborracha alegremente, desinteresado de toda aquella excitación justiciera, pero que, cuando despierta entre nubes de alcohol, no tiene el menor empacho en hacerse fusilar —sólo por amistad— junto al Enjolras que idolatra? Todas las muertes de la novela son efectistas, algunas cinematográficas, como las de Gavroche, M. Mabeuf y Enjolras en la barricada, y otras marcadas por el sino de la tragedia clásica, como la de Fantine en el Hospital de Montreuil-sur-mer, o la de Jean Valjean en su casita de la rue de l'Homme-Armé. También es trágica —raciniana— la muerte de Javert, hundiéndose en el abismo líquido de los remolinos del Sena. Aunque menos truculenta, la muerte del Convencional G, en Digne, tiene un sesgo operático; según Bernard Leuilliot reproduce «la muerte de Sócrates», a la hora del poniente, coincidiendo el hundimiento del sol con el frío que invade su cuerpo y va paralizando sus miembros hasta que llega al corazón, momento en que aparece el joven pastor «que asiste a su amo a la manera de los discípulos de Sócrates»*.

Luces y sombras

No sólo los seres humanos se dividen en «luminosos» y «tenebrosos»; también los sucesos transcurren a plena luz o en las sombras y no es accidental; obedece

---

* Bernard Leuilliot, ob. cit., en *Lire Les Misérables*, ob. cit., p. 73.

a una rigurosa preconcepción dramática, que enciende el día para que en él estalle el amor y la contemplación de la belleza, por ejemplo en el Jardín de Luxemburgo donde va el enamorado Marius a espiar a Cosette, o lo sume en tinieblas para que en ella tramen sus fugas, sus emboscadas y sus crímenes los bandidos de Patron-Minette.

La penumbra, de luz mortecina, declinante, el desvanecimiento de las siluetas y los perfiles y la aparición de las sombras es la hora apropiada para el misterio, los extraños encuentros, las visiones, las pesadillas, las sorpresas y las revelaciones. Una de las escenas más inolvidables de la novela precede el rescate de Cosette por Jean Valjean de manos de los Thénardier. Toda la secuencia ocurre en una tarde que va siendo noche: la crueldad de la pareja que se encarniza con la niña a la que explota y maltrata —viste harapos, tiene un ojo hinchado por un golpe de la tabernera—, a la que luego manda a buscar agua a través de un bosque ya medio en tinieblas. Allí, mientras la niña, doblada por el peso del balde y muerta del terror, avanza casi a ciegas, adviene su liberación, con la providencial aparición de ese anónimo gigante, que, sin decir palabra, coge el balde y le estrecha la mano, transmitiéndole una promesa de seguridad y de amor que cambiará radicalmente su destino. Lenta y ceremoniosa escena, aderezada con todas las especias del folletín romántico, y que, por la sabia dosificación de sus ingredientes, nos avasalla emocionalmente, aniquilando nuestra conciencia crítica.

Decorados

También los lugares donde ocurre la acción tienen un sesgo teatral, pues a menudo parecen decorados, artificiales construcciones instaladas en la novela para, por su naturaleza insólita y llamativa, reforzar simbólicamente el carácter de otro mundo, de otra realidad, del ámbito novelesco. En este aspecto, destaca nítidamente el gran elefante de la Bastille que el pilluelo de París, con su ingenio y su fantasía, ha convertido en su residencia. Gavroche distorsiona la razón de ser del enorme elefante, convierte esa arquitectura circense en una vivienda estrafalaria, clandestina, donde ha enquistado, en las entrañas metálicas y de madera del fabricado proboscidio, un nido secreto que lo protege de la lluvia y la intemperie, pero donde debe vivir alerta, asediado por los ejércitos de ratas que le disputan aquel espacio que, como él, también han colonizado.

¿Y es menos teatral que el elefante de la Bastille, aquel caserón desvencijado y laberíntico, colmenar de marginales y miserables que es la *masure* Gorbeau? Allí, en ese lúgubre, sombrío, misterioso antro, donde, siguiendo la ley de los lugares-imanes, coinciden Jean Valjean y Cosette, Marius, Thénardier y Javert, tiene lugar el episodio más teatral de la novela, en el que, como en las narraciones góticas o en el teatro macabro, veremos al falso Monsieur Leblanc, secuestrado por Thénardier y los bandidos de Patron-Minette, adelantarse a las torturas con que lo amenazan los secuestradores y quemarse un brazo con un hierro candente. Escena inquietante, desorbitada, parece un acto destinado a sorprender y conmover, más que a los bandidos, a quienes, detrás de Thénardier y sus cómplices, invisibles, en la otra realidad, espectamos la función: los lectores somos los verdaderos destinatarios del soberbio desplante.

El vencedor de Waterloo

No tiene nada de sorprendente por eso que en un mundo de esta naturaleza histriónica y teatral el narrador proclame con total convicción que «El hombre que ganó la batalla de Waterloo, no fue el Napoleón derrotado, no fue Wellington que cedía a las cuatro y se desesperaba a las cinco, no fue Blücher que ni siquiera se batió; el hombre que ganó la batalla de Waterloo fue Cambronne» (II, I, XV, p. 356). Cambronne, el «oscuro oficial» al frente de uno de los «cuadrados» de la guardia imperial que, cuando la derrota era ya inequívoca, aún resistía las descargas de la artillería inglesa que iban diezmando a sus hombres. Exhortado por un general inglés —tal vez Colville, tal vez Mailland— a salvar su vida y la de sus soldados rindiéndose, Cambronne le responde: *Merde!* (II, I, XIV, p. 356). El autor de este desplante —un gesto, una palabra— fue el verdadero héroe de aquella carnicería que selló el fin de Napoleón y del Imperio porque, según explica el divino estenógrafo, «Fulminar de ese modo el trueno que lo mataba, era vencer» (II, I, XV, p. 356). El juramento excrementicio de Cambronne sobrevuela, fuera de la historia, en el territorio intemporal del mito, como un símbolo, como una imagen que resume en su esencia todo lo que hubo de bello y excelso en aquella tragedia histórica. Y, por eso, el furibundo *Merde!* * es «acaso la más bella palabra que un francés haya jamás pronunciado» (II, I, XV, p. 356). Como en el teatro, como en el arte, en la realidad ficticia de *Los Miserables* son las formas las que crean los contenidos y las que dan a la vida y a la historia su razón de ser.

La podredumbre humana

Por otra parte, esa *mierda* que audazmente se atrevió Victor Hugo a estampar en su novela y que provocó la cólera de muchos críticos bien pensantes, es algo más que una exclamación que expresa el coraje, el pundonor, el heroísmo de un oscuro militar que al pronunciarla se agiganta e inmortaliza. Es, también, una sustancia que proyecta su sucia y pestilencial realidad

* Un *Merde!* que no es seguro que Cambronne pronunciara. Maurice Allem, en su edición de *Los Miserables* (París, Bibliothèque de La Pléiade, Gallimard, 1951, pp. 1.155-1.156), resume la controversia inconclusa sobre el asunto. Según algunos, la frase en cuestión fue más declamatoria: «¡La guardia muere pero no se rinde!», aunque Cambronne, que sobrevivió a Waterloo, negó siempre haber proferido esta sentencia. Pero, según uno de sus compañeros de prisión en Inglaterra, Monsieur Boyer-Peyreleau, Cambronne reconocía haber respondido al oficial inglés con la famosa palabrota, a la vez que le mostraba el trasero y se daba una insolente palmada en una nalga.

sobre una parte central de la existencia, un componente de las tinieblas y el subsuelo, ese decorado de pesadilla y miasmas en el que transcurre el episodio más «tenebroso» de la novela.

Acaso la más espectacular escenografía de esta función sea «El intestino de Leviatán», el dédalo de las catacumbas de París, que Jean Valjean recorre a tientas, con Marius a cuestas, hundiéndose en el fango, extraviado en las tinieblas, jugándose mil veces la vida, casi sin esperanzas, pero sin vacilar, sacando fuerzas de esa voluntad de hacer el bien que en él se confunde con la de expiar y autosupliciarse. Esas sombras hediondas, en cuyos pasadizos de piedras húmedas, supurantes, se amontonan los desechos, basuras, excrecencias de la gran ciudad, son un estercolero, una metáfora, una prefiguración del infierno, un submundo de horror donde es muy natural que el demonio Thénardier se mueva con la desenvoltura de quien se halla en casa.

Cuando, en los instantes que preceden a la caída de la barricada de la Chanvrerie, Jean Valjean se hunde bajo tierra con el desvanecido Marius, la acción experimenta uno de sus típicos altos, y el narrador se embarca en un inesperado soliloquio en el que, olvidándose de la anécdota, por espacio de seis capítulos va literalmente a arrastrar al lector por una mierda mucho más espesa, gigantesca y hedionda que aquella, metafórica y verbal, que Cambronne lanza a su adversario inglés en Waterloo: la empozada en las cuarenta leguas de los «intestinos» de París. Extraordinarias páginas: comienzan siendo una entusiasta descripción científica de las virtudes del excremento como abono para rejuvenecer las tierras de cultivo y del provecho material que un buen gobierno puede sacar de las deyecciones humanas,* y van, poco a poco, transformándose en una radiografía de las cloacas y desagües de la ciudad como un grandioso espejo de la abyección que refleja la verdad de la vida —«La historia de los hombres se refleja en la historia de las cloacas» (V, II, II, p. 1.285)—, en una relación pormenorizada de las distintas etapas que ha seguido en su construcción esa telaraña de pasadizos, canales, pozos, cuevas que recibe, almacena y evacua una putrefacción que no es sólo material y física, también psicológica, moral y metafísica. «El desagüe es la conciencia de la ciudad», «un cínico que dice todo» ya que en las cloacas, «por las que pasa la historia», percibimos una «sinceridad de la inmundicia» y respiramos «la fetidez enorme de las catástrofes sociales» (V, II, II, pp. 1.286-1.287). Los ejemplos se acumulan, espigados a lo largo de los siglos en las viejas ciudades del Oriente y la Biblia, en la Edad Media, en el milenario París, cuyas entrañas pestilentes, en una peripecia aventurera parecida a la de los personajes homéricos o los descubridores de océanos y continentes, explora a lo largo de siete años —de 1805 a 1812— un héroe civil, al que el narrador compara con los grandes generales napoleónicos: Bruneseau, inspector general de salubridad en el Imperio, cuyos informes sobre su exploración de las cloacas Victor

* Según Pierre Albouy, ob. cit, p. 86, nota 150, Victor Hugo tomó la idea de la caca humana como fertilizante de Pierre Leroux, autor de *La gréve de Samarez*, libro en el que ésta era la idea maestra.

Hugo consultó, entre otros documentos, para escribir «El intestino de Leviatán».

Cuando el divino estenógrafo reanuda el relato y vemos a Jean Valjean iniciar, con el cuerpo inánime de Marius que arrastra como una cruz, el recorrido de las catacumbas parisinas, el decorado en el que se adentra ya no forma parte de la misma realidad en la que acaba de suceder la rebelión y caída de la barricada de la Chanvrerie. Las sombras malolientes por las que va a deambular, entre sustancias corruptas, restos fétidos, alimañas, podredumbres, son, a la vez que los estercoleros de París, el «abajo» humano descrito por Mijail Bajtin en su estudio sobre Rabelais,[*] ese sucio territorio corporal donde la vida está hecha de orines y caca, donde se acumula la mugre y lo viscoso, los venenos que el organismo necesita expulsar para no descomponerse.[**] El viaje por las alcantarillas de París del ex forzado es un viaje tanto físico como iniciático en pos de una salida que es la de la supervivencia material y la de la salud espiritual, la de la redención. Esa interminable y sonambúlica vía dolorosa de Jean Valjean y su carga humana resume, en las páginas finales de la novela, su larga penitencia, esa vida dedicada a expiar con sacrificios indescriptibles una remota culpa. Que, al término de esa

[*] Mijail Bajtin, *La cultura popular en la Edad Media y en el Renacimiento*, Barcelona, Barral Editores, 1974.

[**] En su excelente libro sobre las novelas de Victor Hugo, Victor Brombert señala que el autor de *Los Miserables* «anticipó» las teorías de Mijail Bajtin sobre lo grotesco y lo carnavalesco. *Victor Hugo and the Visionary Novel*, Massachusetts, Harvard University Press, 1984, p. 71.

prueba suprema, Jean Valjean consiga llegar a la salida, sella su definitiva redención; ha pasado la prueba, ha salido victorioso de esa batalla contra las tinieblas, la inmundicia y la carroña. En cierto modo, se ha emancipado del mal. Por eso, cuando por fin divisa la salida, el ex presidiario «Se endereza, temblando, helado, inmundo, curvado por el peso de ese moribundo que arrastraba, todo chorreando de fango y *el alma llena de una extraña claridad*»* (V, III, VI, p. 1.322). Inmediatamente después, la secreta vena del destino lo premia, liberándolo también de Javert, ese enemigo que, como una mala conciencia, lo persigue de manera implacable desde hace tantos años.

Aunque menos vistosos y pintorescos que la monumental teatralidad de «El intestino de Leviatán», casi todos los otros escenarios de la novela guardan íntima afinidad con las acciones a las que enmarcan, como ocurre con las sombras y la luz. Esto vale tanto para la barricada de la Chanvrerie como para ese enclave fuera del tiempo y de la historia que es el convento del Petit-Picpus, el solitario albergue de los Thénardier en Montfermeil, la modestísima vivienda de M. Mabeuf atestada de plantas y flores exóticas, el jardín de la rue Plumet de vegetación encrespada e intensos aromas silvestres que escucha las palabras enamoradas de Marius y Cosette, y hasta la sobria casita de monseñor Myriel en Digne. Personajes, objetos y paisajes no son reales en *Los Miserables;* son parte de la ficción, ficción ellos mismos. Pero su artificio no está divorciado de la vida, sino, como ocurre en los escenarios con las obras

* La cursiva es mía.

logradas, es un simulacro tan persuasivo y coherente, tan convincente y efectivo que no sólo nos conmueve y exalta: nos induce a tomarlo por la vida verdadera.

La vida como ficción

Este contexto da todo su sentido a la danza de los nombres en que fingen disolverse los personajes. No hay duda de que, con esos malabares a que se entrega el narrador, jugando con las identidades de sus criaturas, persigue crear expectativa, desorientando al lector para luego sorprenderlo al quitar la máscara al personaje y revelarlo con la que ya se le conocía. Debajo de esas intenciones conscientes —técnicas— se perfila otra, más profunda, que tiene que ver con la naturaleza de la realidad ficticia. Allí, la identidad del hombre es cambiante, transitoria, tan escurridiza y voluble que, propiamente hablando, no existe. O, más bien, existe sólo como las transeúntes identidades que adoptan los comediantes cuando salen a escena a dar vida a los héroes de la ficción. Los seres humanos no tienen *una* identidad —una esencia— sino varias; las suyas son unas existencias provisorias a las que las circunstancias les imponen ciertos papeles que llevan adscrito un determinado apelativo (una cierta máscara).

La escena donde está simbólicamente representada esta condición voluble de la identidad humana —disfraces que recubren un vacío esencial— es el «affaire Champmathieu», un proceso que tiene por objeto determinar la identidad de un hombre. ¿Es o no es Jean Valjean el pobre ser que se enfrenta al tribunal? No sólo los jueces y autoridades, y el público que colma la sala, se inclinan por creer que sí lo es, debido a las abrumadoras evidencias presentadas por la policía para probarlo. Hasta el propio Jean Valjean duda. Al entrar a la sala de la audiencia, en Arras, tiene la sensación de un desdoblamiento, y, en una alucinación, se ve sentado en el banquillo, encarnado en la figura de Champmathieu: «Tenía ante sus ojos, visión insólita, una especie de representación del momento más horrible de su vida, interpretado por un fantasma» (I, VII, IX, p. 278). La verdad es que, si Jean Valjean, venciendo la desgarradora angustia que lo ha atormentado toda la noche, no se revelara ante el tribunal, dando pruebas fehacientes de que es el hombre al que buscan, el pobre Champmathieu hubiera sido sancionado como tal —su nombre y persona sustituidas por otras— y hubiera quedado convertido en Jean Valjean para todos los efectos prácticos.

Ocurre con las personas y también con determinadas facetas, experiencias y rasgos de las personas. Porque el padre de Marius, el coronel Pontmercy, creyó erróneamente que Thénardier, el chacal de Waterloo, le había salvado la vida, Marius profesará gratitud y se sentirá deudor de ese gesto generoso, que el tabernero nunca tuvo, pues estaba en el campo de batalla (de noche, claro) sólo para desvalijar cadáveres. Los personajes de la novela nunca disipan el malentendido y tanto Marius como su padre consagran una idea de Thénardier que es otra ficción dentro de la ficción.

Las novelas, y sobre todo las grandes novelas, no son testimonios ni documentos sobre la vida. Son otra vida, dotada de sus propios atributos, que nace para desacreditar la vida verdadera, oponiéndole un espejismo que, aparentando reflejarla, la deforma, retoca y rehace. Como dice Anne Ubersfeld, *Los Miserables* «construye un universo paralelo, que no tiene pretensión alguna a ser la realidad referencial, que es una manera de sostenerse en un espacio imaginario en el que ella (la palabra teatral) se hace escuchar como una palabra de juego, es decir, de deseo»*.

Extraordinaria función, en efecto, en la que, por la coherencia de sus elementos y la sutileza de las distancias que se toma con la realidad que finge mostrar, la ficción se emancipa de ésta, enfrentándole una imagen que la niega. Una función desmesurada, tan ambiciosa que abraza en ella a todo su tiempo, a la sociedad y a la historia que la inspiraron, y en la que, además de los protagonistas, pululan las comparsas, los coros, esos personajes-colectivos que multiplican la humanidad aprisionada en el espectáculo hasta transmitirnos la vertiginosa ilusión de que *Los Miserables* es el Gran Teatro del Mundo, objeto inverosímil, mágico y totalizador como el Aleph borgiano en el que se hallan encerradas todas las experiencias, las andanzas y desventuras, y todas las pequeñeces y grandezas de la aventura humana.**

* Anne Ubersfeld, ob. cit., p. 126.
** En un poema de *Feuilles d'automne*, «La pente de la rêverie», en el que el poeta tiene de pronto una visión del universo, Victor Hugo hace una enumeración que anticipa aquélla, célebre, de *El Aleph* de Borges: «Vi el populoso mar, vi el alba y la tarde…»: *Alors, tours, aqueducs, pyramides, colonnes, / Je vis l'intérieur des vieilles Babylones, / Les Carthages, les Tyres, les Thébes, les Sions. / D'où sans cesse sortaient les générations. / Ainsi j'embrassai tout: et la terre, et Cybelle, / La face antique après de la face nouvelle; / Le passé, le présent; les vivants et les morts; / Le genre humain complet comme au jour de remords…*

V. Ricos, pobres, rentistas, ociosos y marginados

En un discurso sobre la prostitución, que iba a figurar en la tercera parte de *Los Miserables* y que fue luego suprimido, el divino estenógrafo distingue entre la historia, responsabilidad de los hombres, y la fatalidad, que el ser humano debe aceptar con resignación ya que contra ella es impotente: «La cantidad de fatalidad que depende del hombre se llama Miseria y puede ser abolida; la cantidad de fatalidad que depende de lo desconocido se llama Dolor y debe ser contemplada y explorada con temblor. Mejoremos lo que se puede mejorar y aceptemos el resto»*. En otras palabras, las injusticias sociales —la ignorancia, la miseria, la explotación, los yerros de la justicia— son atribuibles a los hombres y pueden desaparecer o atenuarse con un mejor gobierno de la sociedad. Pero, aunque las injusticias desaparezcan, no habrá desaparecido la cuota de sufrimiento que corresponde a cada destino individual y, puesto que nada podemos hacer contra esta fatalidad, debemos aceptarla como inseparable de la condición humana. La frase se adelanta

* *Reliquat des Misérables*, edición de L'Imprimerie National, París, Paul Ollendorf, 1908-1909, Vols. II-III, p. 554.

un siglo a la distinción que haría Camus entre la historia, donde el hombre lo puede todo, y la metafísica, en que la suerte del ser humano es irreversible. Pesimismo ontológico y optimismo histórico sostienen la filosofía de la novela, afirma el narrador de *Los Miserables* cuando filosofa sobre la injusticia y el destino, algo que hace con frecuencia. ¿Confirman esta filosofía los hechos que nos cuenta? ¿Es tan visible la frontera entre ambas cosas en la vida de los protagonistas? ¿Es injusticia social o fatalidad la sucesión de desgracias que jalona la vida de tantos personajes? Si en algunos, como Jean Valjean y Gavroche, se puede discernir el porcentaje de males que les inflige una sociedad mal hecha y los que proceden de un designio ineluctable, en otros, como Éponine, la línea divisoria se esfuma. La infelicidad de esta muchacha se debe tanto a que es hija de un bandido y padre desnaturalizado como a haberse enamorado de Marius, que no la ama y ni siquiera advierte su amor. Como en Éponine, en muchos personajes lo individual y lo social se mezclan de manera que es imposible distinguir en sus dichas y desdichas lo atribuible a la mala organización de la sociedad o a la insondable determinación divina. En todo caso, la visión del problema social, de la historia y de la condición humana que se desprende de la novela es menos esquemática que la que proponen los discursos del narrador. Así como la vida es siempre más rica que las teorías que pretenden expresarla, una historia es siempre algo más que mera ilustración de las teorías de quien la cuenta.

En el breve epígrafe de *Los Miserables* que firma en Hauteville House el 1 de enero de 1862, con el que decide reemplazar el «Prefacio filosófico», Victor Hugo deja sentado que el propósito de la novela es denunciar las injusticias sociales y ayudar a remediarlas: «... mientras exista sobre la tierra ignorancia y miseria, libros de la naturaleza de éste pueden no ser del todo inútiles». Estas líneas exhalan un aliento optimista: la literatura sirve para combatir el mal social, contribuye a mejorar la historia, es herramienta de ese Progreso en el que el autor cree ciegamente. Sin embargo, el Victor Hugo que completa la novela en 1860-1862 no es el mismo que la había comenzado en 1845 ni el que trabajó un poco en el manuscrito en 1851. A diferencia de los escritores que comienzan siendo revolucionarios y terminan reaccionarios, él, de joven, fue monárquico, legitimista y *vendéen*, como su madre, luego orleanista en tiempos de Louis Philippe; en su vejez, liberal, republicano y, en los días de la Comuna, vagamente socializante y anarquista. ¿Fue ésta una evolución natural o dictada por la conveniencia? Hasta la subida al poder de Luis Bonaparte, a quien hizo oposición, y sobre todo luego del golpe de Estado de 2 de diciembre de 1851, los cambios políticos del gran escritor son sospechosos de oportunismo pues siempre coinciden con la dirección que toma el poder y le granjean honores y mercedes. Incluso su oposición a Luis Bonaparte en la Asamblea —1850-1851—, a medida que el gobierno se derechizaba y militarizaba, período en que su conducta está visiblemente gobernada por una convicción, las posiciones políticas de Hugo nos parecen tan dudosas como esa filosofía camaleónica que lo llevó a escribir esta nota en septiembre de 1848: «Yo soy rojo con los rojos, blanco con los blancos, azul con los azules. En otros términos, estoy por el pueblo, por el orden y por la libertad»*.

El exilio fue decisivo en su evolución ideológica y salvó al escritor del hombre público, pues en 1851 Victor Hugo parecía sofocado por el peso de la vida social y académica, las aventuras eróticas y las ocupaciones políticas. El exilio lo catapultó hacia posturas liberales y radicales y esta transformación embebió *Los Miserables*. Por eso, su manera de encarar el problema político y social en Francia —su idea de la historia— difiere considerablemente entre la primera y la segunda versión de la novela. Él era consciente de ello, como indica la nota que escribe advirtiéndose a sí mismo que debe modificar las opiniones políticas de Marius para que sintonicen con su nuevo punto de vista político: «Reformar todo el bonapartismo de Marius para que sea democrático y liberal»** y la supresión, en la versión de 1860-1862, del largo texto que debía comenzar la cuarta parte de la novela —«Algunas páginas de historia»— escrito en 1848, porque en él sostenía que la república era incompatible con Francia.***

El nieto de Monsieur Gillenormand experimenta en la novela una evolución ideológica parecida a la de Victor Hugo. Y en algún momento de la segunda redacción de *Los Miserables* éste sintió la necesidad de explicar

* Victor Hugo, *Choses vues*, sept. 1848, París, *Histoire*, Laffont, p. 1.091.
** *Reliquat des Misérables*, ob. cit., Vols. II-III, p. 608.
*** *Reliquat des Misérables*, ob. cit., Vol. IV, p. 356 y ss.

dentro del propio texto sus cambios políticos, con una confesión de lo que había sido (pero que, finalmente, no incluyó): «... ilógico y probo, legitimista y volteriano, cristiano literario, bonapartista liberal, socialista a tientas en la realeza...». Añade que mantuvo todas esas posiciones de buena fe y que «en todo lo que ha escrito jamás se encontrará una línea contra la libertad»[*].

Esta digresión biográfica no es gratuita pues los cambios políticos del autor, en los años en que escribió la novela, tienen que ver —en el caso de Marius de manera explícita— con ciertas contradicciones y con el contenido político social a menudo neblinoso de la novela. ¿Cómo pudo el vago idealismo reformista de *Los Miserables* parecer a tantos críticos de su tiempo incendiario y subversivo? Porque las reacciones de don Narciso Gay, citadas en el primer capítulo, o la de los obispos españoles que hicieron quemar el libro, no fueron las únicas manifestaciones enérgicas contra lo que a muchos pareció un libro disolvente, inmoral y peligroso para el

---

[*] *Reliquat des Misérables*, ob. cit., Vol. IV, p. 347. René Journet y Guy Robert, en *Le Mythe du Peuple dans Les Misérables* (París, Éditions Sociales, 1964, p. 214), citan este otro texto inédito de Hugo resumiendo su evolución política, que ellos creen de 1849-1850, pero que parece posterior: «Desde la edad en que se abrió mi espíritu y comencé a tomar parte en las transformaciones políticas y las fluctuaciones sociales de mi tiempo he aquí las fases sucesivas que atravesó mi conciencia avanzando sin cesar y sin retroceder hacia la luz: 1818 realista, 1824 realista liberal, 1827 liberal, 1828 liberal socialista, 1830 liberal socialista demócrata, 1849 liberal socialista demócrata republicano» (p. 7).

orden público. Y buen número de lectores coincidieron con Barbey D'Aurevilly en creer que el designio de la novela era «dinamitar todas las instituciones sociales, unas después de otras, con algo más mortífero que la pólvora de cañón que hace saltar las montañas: con las lágrimas y la piedad»*.

¡Cómo han cambiado los tiempos, o, más bien, cómo se han moderado las derechas y exacerbado las izquierdas! Ya que ese libro subversivo y tremendo, en su autopsia del problema social no va más allá de reconocer que la sociedad está mal hecha porque «la santa ley de Jesucristo gobierna nuestra civilización pero no la penetra todavía» (I, V, XI, p. 196). El resultado es que hay miseria material y moral, aberraciones como la pena de muerte, un sistema judicial y penitenciario inhumano e inmensos prejuicios religiosos, morales y sociales. Todo ello debe ser reformado, por supuesto, y lo será, tarde o temprano, pues el Progreso es el destino inevitable de la civilización humana. ¿Qué destruirá la miseria? La enseñanza, la educación, las escuelas. ¿Qué acabará con la pobreza? La caridad, la solidaridad, el espíritu de justicia y el avance de la ciencia. En la sociedad del futuro, impregnada por el espíritu cristiano auténtico, desaparecerán los pobres —no los ricos—, los prejuicios, la pena capital y se humanizarán las cárceles. Todo el mundo tendrá acceso a la escuela y con la cultura aprendida en sus aulas irá desapareciendo la noche del error y el horror en la historia del hombre. Porque «La verdadera

* Barbey D'Aurevilly, ob. cit., p. 5.

división humana es ésta: los luminosos y los tenebrosos. Disminuir el número de los tenebrosos, aumentar el número de los luminosos: he ahí el objetivo. Por eso, exclamamos: ¡Enseñanza! ¡Ciencia! Aprender a leer es encender el fuego; toda sílaba deletreada echa chispas» (IV, VII, I, p. 1.009). Lo que enfureció tanto a los conservadores de la época no era un libro anarquista, ni socialista, sino tímidamente liberal y socialdemócrata.

Idealismo reformista

Los teóricos del futuro de esa sociedad que tarde o temprano vendrá con el discurrir de la historia, son los dos personajes más políticos de la novela: el Convencional G y Enjolras. Del primero, Victor Hugo hizo un portavoz. En él volcó sus ideas sobre el progreso ineluctable, Dios como fuerza motriz de la historia, y su convicción de que pese a los excesos de 1793 la Revolución Francesa es el acontecimiento más importante para la humanidad desde el comienzo de nuestra era. El personaje tiene características profundamente románticas: es un apestado social, un individuo al que la sociedad de Digne profesa «una especie de horror» y mantiene marginado. ¿Cuál es el crimen de este misterioso anciano a quien el narrador se limita a mencionar con la letra G? Haber sido miembro de la Convención, la institución regicida que en enero de 1793 aprobó la pena de muerte contra Luis XVI (aunque G votó en contra, por su oposición a la pena capital). En la pequeña provincia alpina de la Francia de la Restauración, este hombre representa todas las abominaciones de la Revolución y los parroquianos de monseñor Bienvenu lo ven con la desconfianza y el disgusto que inspira una bestia dañina. Semejante actitud está dictada por la ignorancia, los prejuicios y la estupidez, algo que en el mundo de *Los Miserables* caracteriza a las colectividades, a los entes gregarios, en contraposición a los individuos. En verdad, el Convencional G es un hombre recto, probo, idealista, generoso, profundamente ético, un santo laico —otro justo— como comprueba monseñor Myriel en la extensa conversación que celebran. Todo el capítulo «El obispo en presencia de una luz desconocida» (I, I, X), añadido en 1861 por el exilado de Jersey y que motivó ataques furibundos de los críticos conservadores, delata una profunda afinidad entre los dos hombres en apariencia irreconciliables, el revolucionario y el obispo, una consonancia de sentimientos, códigos de conducta, ideas sociales, aspiraciones morales, e, incluso, creencias. Lo que iba a ser un contrapunto termina siendo una identificación casi total, como advierte monseñor Bienvenu cuando, luego de recibir aquella «luz desconocida» del Convencional, termina pidiéndole su bendición. En efecto, la ideología del Convencional G no tiene por qué asustar al buen obispo de Digne. El anciano cree en Dios y en «la marcha del género humano hacia la luz», piensa que las revoluciones son el precio que hay que pagar por el progresivo mejoramiento de la sociedad —las llama, con hermosa imagen, «las brutalidades del progreso»— y que la Revolución Francesa ha sido el «paso más poderoso dado por el género humano desde la venida de Cristo». No excusa los excesos de 1793 pero los explica como consecuencia de las injusticias acumuladas en siglos de ignominia social. Como el narrador, como Victor Hugo, G cree que la cultura erradicará la injusticia pues la tiranía de la humanidad es la ignorancia. La conciencia del hombre es «la cantidad de ciencia innata que hay en nosotros».

Este idealismo optimista sobre el destino de la historia humana no es diferente, en lo esencial, al del revolucionario Enjolras, a juzgar por su visión del porvenir, dramáticamente descrita en la arenga a sus compañeros de insurrección en lo alto de la barricada, poco antes de morir. Este texto es también, como toda la quinta parte de la novela, un añadido de 1860-1862 y ocupa un capítulo titulado significativamente: «Qué horizonte se divisa desde lo alto de la barricada» (V, I, V). Fe en el progreso, seguridad en el advenimiento de una sociedad donde la libertad individual y la justicia social congeniarán, creencia en que el avance de la ciencia —la verdad científica— entrañará el avance de la verdad moral en el hombre y la sociedad, son los cimientos de la ideología del joven revolucionario. El hombre ya ha «dominado la materia», como muestra el que la hidra de los antiguos se llame ahora *steamer*, el dragón *locomotive* y el grifo *ballon* (globo). Sólo falta al hombre «realizar el ideal» (idéntico al de Saint-Simon y de los sansimonianos: que la ciencia se haga gobierno): «Lo real gobernado por lo verdadero, he ahí la meta». El siglo XIX ha consumado las proezas científicas y al siglo XX le tocará la tarea grandiosa de materializar la dicha, una humanidad que Enjolras describe con lujo de detalles: «Calles de ciudades inundadas de luces, ramos verdes en los umbrales de las casas, las naciones hermanas, los hombres justos, los viejos bendiciendo a los niños, el pasado reconciliado con el presente, los pensadores disfrutando de plena libertad, los creyentes de plena igualdad, el cielo como religión, Dios sacerdote directo, la conciencia humana convertida en altar, no más odios, la fraternidad del taller y de la escuela, la notoriedad como castigo y recompensa, para todos el trabajo, para todos el derecho, la paz entre todos, no más sangre derramada, no más guerras, las madres dichosas...» (V, I, V, p. 1.213).

Como el siglo XX no confirmó las predicciones de Enjolras, y con sus apocalipsis, sus enfrentamientos, la agravación de las desigualdades económicas y sociales entre individuos, clases y naciones, y las crisis de toda índole, no justifica las ideas y visiones del anciano Convencional y del joven insurrecto, éstas tienen más fuerza poética que histórica: son una utopía que integra el elemento añadido de la realidad ficticia. Desde la publicación de *Los Miserables* la realidad real ha contradicho en sinnúmero de oportunidades la creencia de que la cultura es enemiga de la barbarie —la culta Alemania adoptó el nazismo y perpetró el genocidio de seis millones de judíos— y resulta difícil sostener hoy que el avance de la ciencia implica el simultáneo avance de la verdad moral. Por el contrario, el desarrollo de la ciencia en el siglo XX sirvió para apuntalar en algunos casos regímenes tiránicos y conquistadores que suprimían toda forma de libertad interior y practicaban el colonialismo y el imperialismo más desembozados o para amparar la explotación y el saqueo de los países pobres. En una época en la que las divisiones internacionales se multiplican, en que los conflictos locales dejan a diario saldos atroces de víctimas, en que en el seno de las sociedades del primer y tercer mundo, la represión y el terrorismo, el desempleo y la inflación, la corrupción y la tiranía, causan estragos, el utopismo liberal y cientificista que rezuma *Los Miserables* contribuye, por contraste con la realidad de los lectores de hoy día, a hacer de la obra en términos ideológicos un libro del pasado, cuyo encanto es el de las hermosas curiosidades anacrónicas, de los almanaques caducos. Esta misma razón es la que da, a *Madame Bovary* y a *La Educación Sentimental*, obras cargadas del pesimismo social y político de Flaubert, en nuestros días, una angustiosa modernidad, una fuerte impronta de realismo. También por su ideología —su visión de la historia y de la sociedad— es *Los Miserables* una ficción, creación que niega la experiencia vivida, espejismo edificado mediante una transformación profunda de los seres y cosas de la realidad real. Tanto como la naturaleza de sus personajes y la intriga que cuenta, la visión político-social de la novela es esencialmente invención.

Los justos

En tanto que el Convencional G y Enjolras filosofan sobre el futuro y actúan en grupos organizados —asambleas, partidos, sociedades— para cambiar el presente, otros personajes de la novela combaten también la injusticia del mundo, pero de manera individual, impulsados, no como aquéllos, por teorías —por la ideología— sino por un sentimiento noble y una convicción religiosa y moral.

Monseñor Myriel combate la injusticia mediante la caridad, desprendiéndose de sus riquezas para dárselas a quienes nada tienen —cede su palacio a los enfermos, distribuye sus ingresos entre instituciones de beneficencia— y aunque es un hombre al tanto de las iniquidades sociales —lo muestra su sermón contra el impuesto a las puertas y ventanas de las casas que obliga a los pobres a vivir en viviendas oscuras e insalubres por la falta de ventilación— no se le puede considerar un objetor del orden constituido (hemos visto que su única idea política explícita es ser monárquico). La filosofía social de monseñor Bienvenu parece bien simple: la filantropía y la misericordia son las armas con las que el hombre de bien lucha contra la miseria.

Esto es exactamente lo que hace el «buen rico» de la novela, Monsieur Madeleine, inventor de un nuevo sistema en la industria del vidrio negro gracias al cual el trabajo y la prosperidad llegan a Montreuil-sur-mer. «En menos de tres años, el autor de este procedimiento se había vuelto rico, lo que está bien, y había enriquecido lo que lo rodeaba, lo que está todavía mejor» (I, V, I, p. 167) dice el divino estenógrafo, dejando en claro que el libro no está contra los ricos, a condición de que lo sean a la manera de Monsieur Madeleine. El buen rico de la novela ha establecido en su industria un sistema puritano y paternalista, que tiene vagos resabios con el que propugnaba el utopista escocés Robert Owen. Hombres y mujeres trabajan en talleres separados y el patrón se ocupa simultáneamente de su bienestar y de su probidad. Para los trabajadores de su industria ha creado una enfermería, atendida por dos «hermanas de la caridad». A los hombres se les pide «tener buena voluntad» y a las mujeres «ser de costumbres puras»; todos deben ser «probos». Monsieur Madeleine no cree que su responsabilidad cese con los obreros y obreras de su industria; el bienestar de toda la comarca le incumbe y por eso construye hospitales, paga de su bolsillo a los maestros, funda hospicios y extrema su filantropía hasta forzar la cerradura de las casas de los pobres para depositar allí, anónima, una moneda salvadora. Es un hombre firmemente convencido de que la miseria es la madre de todos los vicios y que cuando ella desaparezca «desaparecerán la licencia, la prostitución, el robo, el homicidio, todos los vicios, todos los crímenes» (I, VII, III, p. 241).

Casi todos los críticos de la novela, conservadores y progresistas, han reprochado a *Los Miserables* su falta de realismo, sus exageraciones, omisiones, mentiras e inseguridades en su descripción del problema social. Desde una perspectiva marxista, Journet y Robert dicen que la novela está «lejos de ofrecer una representación de la vida popular. Duración excesiva y condiciones del trabajo, precariedad del empleo, salarios de hambre, trabajo de los niños, insalubridad de los barrios populares, mortalidad muy alta, todas estas cuestiones preocupaban a una opinión pública que, sin embargo, en su gran mayoría, se obstinaba en no analizar las causas. Victor Hugo sitúa su novela en otro plano»*. Desde un punto de vista bien distinto, el escéptico Flaubert, a quien la novela le parecía escrita «para la crápula católico-socialista, para todas

* *Le Mythe du Peuple dans Les Misérables*, ob. cit., p. 136.

las alimañas filosófico-evangélicas», sostenía que la deformación de la vida social en la novela era excesiva: «La observación es una cualidad secundaria en literatura; pero es inadmisible pintar de una manera tan falsa la sociedad cuando se es contemporáneo de Balzac y de Dickens», escribió, a propósito de *Los Miserables*, a Madame de Genettes.* Lamartine en sus «Considérations sur un chef-d'oeuvre, ou le danger du génie» (1863), serio ataque que analizaremos más adelante contra un libro que, según él, predica «el socialismo igualitario, creación de sistemas contra natura», estampa esta severísima observación: «Por lo pronto, adviertan ustedes algo asombroso en este poema de los trabajadores ilusionados: que en él nadie trabaja, y que todos salen de la cárcel o son dignos de estar en ella, con excepción del obispo y de Marius, de la religión y del amor»**. El pío don Narciso Gay examina la tesis del libro según la cual se debe «educar a todos los pobres». Si es así, reflexiona, es porque el libro cree que la educación los hará más justos y más buenos. ¿Cómo es posible entonces que el senador aristócrata de la novela, varón culto, sea un politicastro corrupto y pesimista, el materialista repelente que es? Si las «clases educadas» son así ¿por qué proclamar que la educación será la herramienta del progreso social?:

* Gustave Flaubert, *Correspondance*, París, Louis Conard, 1929, Vol. V, p. 35.

** M. A. de Lamartine, «Considérations sur un chef-d'oeuvre, ou le danger du génie. *Les Misérables*, par Victor Hugo», en *Cours familier de Littérature. Un entretien par mois*, Vols. XIV, XV, París, 1862, pp. 305-432, y pp. 5-224.

«Victor Hugo habría de confesarnos, pues, o que es de todo punto inútil la educación que reclama para los pobres, o que los ricos que la han recibido no pueden ser en nuestra sociedad los miembros más inmorales»[*].

Don Narciso Gay también, por cierto, al igual que casi todos los críticos contemporáneos, reprocha al libro como una exageración inverosímil el que Fantine pierda su trabajo por ser madre soltera (p. 80). (Este episodio, con la condena de Jean Valjean a cinco años de cárcel por robar un pan, fueron unánimemente tachados por los críticos como falsos.)

Lo que es falso es el blanco al que enfilan la puntería estas y otras críticas semejantes. Pero el propio Victor Hugo y el narrador les facilitaban la tarea con sus rotundas afirmaciones de que el libro describía la realidad y expresaba la verdad. No: describía una subrepticia irrealidad, fraguada a partir de la realidad. Lo cual no quiere decir que toda la visión de la sociedad y del problema social que aparece en el libro sea puro embuste, sino que, aunque en *Los Miserables* se pueden rastrear materiales verídicos sobre las injusticias y desigualdades económicas y sociales de la Francia de su tiempo, en el todo novelesco la transformación que han sufrido estos materiales es mucho más determinante que su valor testimonial, y que, por tanto, felizmente para la novela, en ésta prevalece el elemento ficticio, contradictorio de lo real. Quien acertó a verlo, aunque por las malas razones, fue Louis Veuillot, otro crítico reaccionario contemporáneo. En

[*] Narciso Gay, ob. cit., pp. 34-35.

La Revue du Monde Catholique afirmó que, pese a haber en el libro irrealidades flagrantes y exageraciones inadmisibles como los episodios arriba citados, ellos parecían «verdades» por la «inmensa potencia de los pulmones de Monsieur Victor Hugo»*. Estaba en la buena vía, aunque erraba viendo una falta moral en algo congénito a la ficción: transformar lo real —la exageración es uno de los métodos— e imponer a un público el producto así recreado mediante una técnica y un estilo que lo hace parecer «real» y «verdadero». Cuando el creador lo consigue, la irrealidad contrabandeada en la vida pasa a formar parte de la realidad y las mentiras se convierten en verdades. Porque las «mentiras» de la ficción sólo son aceptadas por los lectores cuando, a través de las deformaciones, exageraciones, corrupciones y trastornos que imprimen a la experiencia humana, expresan una verdad profunda, oculta bajo la máscara con la que el creador recompone en su obra lo vivido.

La sociedad rehecha

Es lo que hace *Los Miserables* con la realidad social que muestra: una ficción que, siéndolo en el más alto grado, hunde sin embargo sus raíces en la historia concreta. No es exacto que, como le reprochan Journet y Robert, haya escamoteado la representación de los más acuciantes problemas en relación con la pobreza y el

* *Reliquat des Misérables*, ob. cit., Vol. último, p. 362 y ss.

trabajo, ni tampoco el reproche de Lamartine de que en esta novela sobre los trabajadores nadie trabaje y casi todos los personajes sean presos comunes o merezcan serlo. Pero aciertan en que la novela distorsiona sutil y profundamente, mediante su tabla de valores propios y su dosificación expositiva, el retrato de la sociedad.

El trabajo, por ejemplo, constituye para el mundo de la ficción un tema menos importante que el de los yerros judiciales, la severidad de la legislación penal y las inhumanas condiciones de los presos en las cárceles, o que la prostitución, tema que hechizaba a los románticos. En la novela hay más ociosos que trabajadores y, entre estos últimos, debemos contar a los ladrones. Abundan los rentistas, como Monsieur Gillenormand o el propio Jean Valjean luego de haber hecho fortuna en Montreuil-sur-mer, o el modesto Monsieur Mabeuf, los estudiantes bohemios o los jóvenes insurrectos, conspiradores del A.B.C., que viven o malviven de sus familias, de su ingenio y picardía, o como Marius cuando riñe con su abuelo, de trabajos vagos y circunstanciales (en su caso, traducciones). A la única persona que vemos trabajando de principio a fin es a Javert, el perfecto funcionario. Pero de las condiciones en que trabajan los pobres tenemos un indicio en Fantine, primero obrera de Montreuil-sur-mer, donde la vemos contenta y optimista con su empleo, aunque algo inexperta, y luego, cuando la echan del taller los prejuicios de Madame Victurnien, cosiendo para ganarse la vida y mantener a Cosette. Sus ingresos son ínfimos. Tiene que coser 17 horas cada día para ganar 12 centavos y éstos se reducen a 9 cuando los precios en el mercado textil bajan debido a la competencia que hacen los presos a las costureritas. Duerme apenas cinco horas diarias y se priva de lo más elemental: «Fantine aprendió a pasar el invierno sin nada de fuego, a renunciar a un pajarito que consumía un centavo de alpiste cada dos días, a hacer de su falda una manta y de la manta su falda, y a prescindir de la lámpara cenando a la luz de la ventana de enfrente...» (I, V, IX, p. 189). De este cuadro se deduce que la desgracia de Fantine es haber perdido el trabajo de la fábrica, porque quienes trabajan allí viven de manera decente y están satisfechos. Lo único que la novela muestra como negativo en la condición de estos invisibles obreros es la precariedad, pues, al igual que Fantine, pueden perder su puesto apenas los jefes o vigilantes detecten en ellos impropiedades desde el punto de vista moral. Aunque el caso de obreros que no tienen la suerte de tener «buenos patrones» es distinto. Por ejemplo, Champmathieu, a punto de ir a galeras porque lo confunden con Jean Valjean, en su declaración semiincoherente ante el tribunal de Arras nos da una idea de la vida de un obrero que fabrica carretas: trabaja siempre al aire libre y, en invierno, los capataces no le permiten ni frotarse los brazos para calentarse pues eso le haría perder tiempo. «Manejar el fierro cuando hay nieve en la calle, es rudo. Eso acaba rápido con un hombre... a los 40 años un hombre está acabado» (I, VII, X, p. 284). Ganaba apenas 30 centavos al día. La hija de Champmathieu, lavandera, pasaba el día con medio cuerpo en la batea, con lluvia, viento o nieve, mojándose las ropas. Volvía a casa a las siete de la noche exhausta y encima su marido la golpeaba. «Ha muerto» (I, VII, X, p. 284).

Una sociedad, en suma, donde hay más rentistas que operarios, más ociosos que trabajadores y más seres marginados que integrados en ella. El trabajador más puntual y convencido es un ser que inspira al narrador (quien trata de contagiar a los lectores ese sentimiento) profunda repugnancia moral: el policía Javert. Una sociedad donde, por lo mismo, hay más consumidores que productores. Entre aquellos debemos incluir a los religiosos —sacerdotes, hermanas de caridad, monjas de clausura—, a los ladrones, a los presos, a los estudiantes y bohemios, a los revolucionarios y a los funcionarios, a los militares y a los marginales. De este conglomerado de seres pasivos y ancilares, a quienes la sociedad mantiene a las buenas o a las malas, salen los héroes de la novela, en tanto que del mundo de los productores —obreros, artesanos, industriales, profesionales— tenemos una visión más restringida. Los personajes como Jean Valjean, que pasan de una a otra categoría, son los menos.

Una división aún más nítida en esta sociedad es la de ricos y pobres. Pero si establecemos una diferenciación de clases sociales atendiendo a su participación en la producción, forzaríamos las barreras características de la sociedad ficticia, porque en *Los Miserables* los antagonismos estrictamente económicos están difuminados debido a otras divisiones: apellidos, títulos, funciones, dignidades, cargos.

Las víctimas: el penado y la mujer

Un aspecto importante, que da cierta modernidad a la novela —siendo, como es, tan anticuada en otros aspectos sociales—, es lo relativo a la condición de la mujer. En tanto que no existe mayor oposición entre obreros y patronos, sino armonía profunda, la novela denuncia en términos fogosos los abusos de que son víctimas las mujeres, a las que califica de esclavas de la vida occidental: «Se dice que la esclavitud ha desaparecido en la civilización occidental. Es un error. Existe siempre, pero sólo agobia a la mujer y se llama prostitución» (I, V, XI, p. 196). En el texto suprimido de la tercera parte —«Marius»—, en el que el divino estenógrafo peroraba largamente sobre el problema social, hay un párrafo todavía más explícito y abarcador sobre la inferioridad en que se halla la mujer en la sociedad: «... la mujer, cuando el orden social la acepta, es considerada una menor; cuando el orden social la rechaza, es una infame... Casi se podría decir que la mujer está fuera de la ley»*. La historia de Fantine ilustra esta condición, ser tratada primero como una «menor» y luego como una «apestada». Después de que la abandonara Felix Tholomyès, la muchacha rueda pendiente abajo hasta llegar a lo que, según la novela, es la escala más baja de la decadencia femenina: la prostitución, sobre la que cae todo el desprecio de la sociedad. El burgués Bamatabois puede permitirse bromas brutales con Fantine como echarle nieve en la espalda bajo el vestido porque una prostituta no merece respeto y es objeto de mofa; cuando ella se lanza sobre el abusivo, es a Fantine a quien detiene el policía Javert, asqueado de que una ramera se atreva a

* *Reliquat des Misérables*, ob. cit., Vols. II y III; VI, p. 549.

insultar y alzarle la mano a un señor elector y propietario de una linda casa. Javert modela sus sentimientos según la ley y es probable, como dice, que si Fantine hubiera llegado al juzgado por esta ofensa, la habrían sentenciado por lo menos a «seis meses de cárcel» (I, V, XIII, p. 200).

Más que una lucha de clases por intereses encontrados, lo que enfrenta a los seres humanos en la sociedad ficticia son los prejuicios: sociales, morales y sexuales. Por eso, el narrador está convencido de que el remedio contra la delincuencia y la prostitución son las escuelas: «Un ladrón, una mujer pública, son enfermos... —dice en otro párrafo de ese texto suprimido de la tercera parte—: Abrid hospicios morales, es decir escuelas... ¡Qué admirable cura la cauterización mediante la luz!»*. El robo y la prostitución pertenecen a la historia y pueden ser curados, forman parte de la responsabilidad humana, son males en los que no interviene la fatalidad, esa mano contra la que el hombre carece de poder. Sin embargo, hay una contradicción implícita en esta idea. De un lado, la novela sostiene que la miseria es el origen del robo y la prostitución, y, de otro, que la educación «cauterizará» esos males. ¿Debemos deducir de ello que el origen de la miseria es la incultura, la falta de educación de los pobres? Si así fuera, bastaría ser culto para estar vacunado contra la pobreza y no es así, pues Monsieur Mabeuf, por ejemplo, pese a todas sus lecturas y conocimientos, se hunde gradual e irremisiblemente en la pobreza...

---

* *Reliquat des Misérables*, ob. cit., Vols. II y III; IV, p. 546.

Fuente del mal social: la Justicia

Ahora bien, si en lo que concierne a las divisiones económicas, la distribución de la renta y las condiciones del trabajo en la sociedad ficticia sólo tenemos una idea algo confusa sobre las incidencias que ellas tienen en la miseria y el sufrimiento, hay un aspecto, en cambio, en el que la novela es meridiana: cuando señala como causa mayor de injusticia e infelicidad la ley y los sistemas encargados de aplicarla y de castigar a sus infractores; es decir, los tribunales y las prisiones. *Los Miserables* deja al lector con la impresión de que el poder judicial y el sistema penitenciario son el talón de Aquiles de la civilización, los mayores responsables de las iniquidades sociales. En este mundo el hombre nace bueno y la sociedad se encarga de malearlo con sus instituciones inhumanas y sujetas a error. Por eso el individuo se siente en esta sociedad amedrentado y amenazado, como Jean Valjean: «En esta penumbra oscura y lívida por la que se arrastraba, cada vez que torcía el cuello y trataba de alzar la mirada, veía, con terror mezclado de rabia, calentarse, desplazarse y crecer hasta perderse de vista sobre su cabeza, con perfiles horribles, un amontonamiento atroz de cosas, leyes, prejuicios, de hombres y de hechos, cuyos contornos se le escapaban, cuya masa lo espantaba, y que no es otra cosa que esta prodigiosa pirámide que llamamos civilización» (I, II, VII, p. 98). La ley es cosa humana y se aparta más que coincide con la justicia, que es divina. Esta distinción que hace el narrador (I, VII, IX, pp.

277-283) está rigurosamente ilustrada en la novela. Los yerros de la ley son múltiples. Las penas, desproporcionadas a las faltas, como que se condene a un hombre a cinco años de prisión por haber robado un pan, o que se castigue la reincidencia delictiva de un ex forzado con la cadena perpetua o la pena capital. Las penas, de carácter abstracto, no tienen en cuenta el contexto social del delito, como el hambre y la necesidad que deberían considerar atenuantes del robo; son leyes, además, infectadas de prejuicios de sexo y moral, como que se pueda condenar a seis meses de cárcel a una prostituta por levantarle la mano a un burgués, pese a haberlo hecho en defensa propia. De otro lado, el sistema judicial que aplica estas leyes es pasible de error y los tribunales funcionan como un espectáculo farsesco; el proceso de Champmathieu es una mojiganga de humor negro en la que un inocente hubiera sido condenado a perpetuidad o a muerte de no ser por el sacrificio heroico de Jean Valjean. Para colmo de escarnio, vemos que en ese tribunal figura entre los jueces nada menos que Bamatabois, el burgués agresor de Fantine. Pero si en la sociedad ficticia las leyes son injustas y los tribunales se equivocan o exceden, aún más grave es el sistema penitenciario, que ejercita impunemente la crueldad y fomenta el delito adiestrando al delincuente. Lo proclama Jean Valjean, al confesar su identidad al tribunal de Arras para salvar a Champmathieu: «Antes de ir a la cárcel, yo era un pobre campesino muy poco inteligente, una especie de idiota. La cárcel me cambió. Era estúpido y me volví malvado; era leña y me transformé en antorcha» (I, VII, XI, p. 292).

El preso es tratado como una bestia dañina, sin piedad, convertido en objeto de execración pública, como se ve en el terrible espectáculo (IV, III, VIII, pp. 923-932) que contemplan Jean Valjean y Cosette en la barrera de Maine: la cuerda de presos, que, encadenados y con grillos en los pies, son trasladados a Toulon, entre insultos y azotes de los carceleros. Si alguno de ellos sale de esa prisión, o sobrevive a esos trabajos forzados, no saldrá convertido en un hombre honorable sino, como Thénardier después de que Javert lo encadene por la emboscada de la *masure* Gorbeau, y como los pícaros de la novela, mudado en un delincuente más avezado e inescrupuloso que cuando entró. Y si, como le ocurre a Jean Valjean, sale con la intención de ser un ciudadano honesto, la sociedad se lo impedirá pues su pasaporte amarillo le cerrará todas las puertas y atraerá hacia él la vindicta y el odio de los ciudadanos. En estas condiciones se necesita la intervención de la mano divina para que ese hombre, empujado por la sociedad hacia el mal, sea capaz, como Jean Valjean, después de ser tocado por la gracia merced al obispo Myriel, de perseverar en el bien.

Monstruo estúpido y cruel

La forma más monstruosa de la maldad y el yerro en el sistema penal es la pena de muerte, la guillotina, magníficamente evocada cuando monseñor Bienvenu debe acompañar al patíbulo a un condenado a muerte. La máquina de matar parece un monstruo animado de estupidez y de crueldad «fabricado por el juez y por el carpintero, un espectro que parece vivir una especie de vida espantosa hecha de todas las muertes que ha causado» (I, I, IV, p. 18). La guillotina, como la cárcel, de medio se ha convertido en fin. Ambas fueron creadas para prevenir y sancionar los delitos y ahora existen para ser alimentadas con nuevas víctimas, muchas veces inocentes, para saciar el espíritu de venganza de la sociedad o, peor todavía, el instinto morboso y sádico de las muchedumbres que acuden a las ejecuciones capitales como a una fiesta.

El lector de *Los Miserables* siente ante la guillotina el mismo espanto que monseñor Bienvenu el día que acompaña como capellán al pobre diablo que van a ejecutar (I, I, IV, p. 17). Es el escalofrío que había sentido el propio Victor Hugo, varias veces en su vida, ante la helada cuchilla, y no es improbable que esta experiencia repetida, de horror y repugnancia, sea el embrión de *Los Miserables*. Entre las casi infinitas fuentes de la novela, vale la pena mencionar algunos de esos episodios que imprimieron en el espíritu de Victor Hugo el sentimiento de rechazo a la pena capital y que lo llevaron luego a interesarse por las injusticias del sistema judicial y penitenciario, temas de impronta tan fuerte en la novela.

Las primeras imágenes de horror fueron, dice Adèle Hugo en *Victor Hugo raconté par un témoin de sa vie* —libro dictado por el propio poeta y revisado por su hijo Charles Hugo—, las que Victor Hugo vio, a los cinco años, en el viaje a Italia que hizo con su madre y hermanos para reunirse con su padre: una hilera de bandidos ahorcados balanceándose en los árboles.* Este espectáculo, sumado al del patíbulo que presenció en Burgos, en 1812 —regresaba a Francia con su madre, después de pasar unos meses en España, donde el general Hugo era uno de los lugartenientes de José Bonaparte—, al del hombre que iban a dar garrote desfilando hacia el lugar de la ejecución en medio de una siniestra procesión y al de los restos de los patriotas españoles ejecutados y descuartizados en Vitoria por los franceses, forjaron su aversión precoz contra la pena capital. Pero hay otro hecho decisivo, una tragedia familiar: la ejecución en 1812 de su padrino, el amante de su madre, el general Lahorie, por conspirar contra el Emperador. A este hombre, que había vivido oculto en la casa de los Hugo, en las Feuillantines, con quien sin duda los hijos de Madame Hugo mantenían una buena relación, ya que en cierta forma reemplazaba al padre ausente, un buen día lo viene a buscar la Policía y tiempo después, debido a su absurda tentativa de golpe de Estado, es ejecutado. Victor Hugo tenía diez años, suficientes para quedar marcado por la brutalidad de esta desaparición. Es probable que sea esta experiencia (a la que, por razones comprensibles, la autora de *Victor Hugo raconté par un témoin de sa vie* se refiere de manera evasiva) la raíz de la repulsión que el autor de *Los Miserables* sintió toda su vida contra la pena capital. Este rechazo tuvo muchas ocasiones de fortalecerse durante su adolescencia y juventud. En 1820,

* Adèle Hugo, *Victor Hugo raconté par un témoin de sa vie*, París, Librairie International, 1863, Vol. I, p. 49.

siempre según el testimonio de Adèle Hugo, vio en la calle a Lovel, el asesino del duque de Berry, camino al patíbulo, y, dice «su odio por el asesino se transformó en piedad por el condenado. Reflexionó y por primera vez contempló cara a cara la pena de muerte, asombrándose de que la sociedad hiciese al culpable, a sangre fría y sin riesgo, precisamente lo mismo por lo que lo castigaba, y le vino entonces la idea de escribir un libro contra la guillotina»*. En el verano de 1825, su amigo Jules Lefèvre lo arrastra a la Place de Grève a ver cómo le cortan el puño y la cabeza a un tal Jean Martin, un parricida. A Victor Hugo lo enfermó la atmósfera de jolgorio con que la muchedumbre seguía el espectáculo. Otro día se cruzó en la calle con la carreta de otro condenado a la pena capital, el asaltante de caminos Laporte, y, otro día, con un par de asesinos —Malagutte y Ratta— rumbo al patíbulo. En otra ocasión, cruzando la plaza del Hôtel de Ville, se dio de bruces con la guillotina. El verdugo ensayaba la ejecución que tendría lugar al anochecer, engrasando las junturas de la máquina mientras charlaba amigablemente con los transeúntes. Según la autora de *Victor Hugo raconté par un témoin de sa vie*, al día siguiente de este suceso Victor Hugo comenzó a escribir *Le Dernier Jour d'un condamné*, su primer alegato-ficción contra la pena capital, que terminó en tres semanas y publicó en 1829 el editor Goselin.

Por esta época —Victor Hugo tiene entre 25 y 27 años— hay huellas en su biografía de una preocupación más amplia, que no se limita a los condenados a la pena

* Ibíd., Vol. II, cap. LI, pp. 165-168.

capital, sino a los presos y al régimen penitenciario en general. Los biógrafos señalan que el 22 de octubre de 1828 fue con David d'Angers a ver cómo se ponía grillos y encadenaba a los forzados y para aprender la jerga de las prisiones,* tema que en *Los Miserables* ocupará un lugar importante, pues esta jerga es el lenguaje cifrado que hablan entre sí los miembros de la pandilla de Patron-Minette y el elemento formal más característico para diferenciar a la comunidad carcelaria de los otros grupos y sectores sociales. En todo caso, su segundo libro sobre el tema de la pena de muerte —*Claude Gueux*—, más elaborado que el primero, publicado en 1834, revela ya una preocupación honda por el tema. Su crítica abarca al sistema judicial y a todo el régimen penitenciario. Durante mucho tiempo se dijo que fue en 1828, cuando escribía *Le Dernier Jour d'un condamné*, que Hugo escuchó, de boca del canónigo Angelin, la historia del ex forzado Pierre Maurin al que había dado hospitalidad en su casa el obispo de Digne, lo que sería el embrión de la historia de Jean Valjean y monseñor Bienvenu. La anécdota fue inicialmente consignada por Armand de Pontmartin y repetida por muchos comentaristas, como Gustave Simon. (La recoge, entre otros, Jacques Robichon en su relato novelado sobre *Les Misérables***.) Pero los investigadores más

* Patrice Boussel-Madeleine Dubois, *De quoi vivait Victor Hugo?*, París, Éditions des Deux Rives, 1952, p. 66.
** Jacques Robichon, *Le roman des chefs-d'Oeuvre: Les Misérables*, París, *Les Oeuvres Libres, Revue Mensuelle consacrée à l'inedit*, Librairie Arthème Fayard, junio de 1959, pp. 97-142.

serios, entre ellos Jean Pommier, la han descartado como carente de toda verosimilitud.* Lo que sí está probado, en cambio, es que, cinco años después de publicar *Claude Gueux*, seguía interesado por la suerte de los forzados, pues a fines del verano de 1839, luego de un viaje con Juliette Drouet por el Rin, Suiza y Provenza, visita la cárcel de Toulon para ver de cerca la vida de los presos. Siete años después, esta curiosidad sigue viva en él pues el 10 de septiembre de 1846, en vez de asistir a la sesión de la Academia, va a la Conciergerie y se hace abrir las celdas de la histórica prisión. Según Adèle Hugo, el año anterior, 1845, en el patio del Instituto, Victor Hugo se había encontrado con alguien que debió darle información de primera mano sobre el tema: un ex presidiario, su condiscípulo en su colegio, la «pension Cordier», el *petit* Joly. Huérfano joven y heredero de fortuna, pródigo, perdió lo que tenía, se endeudó y cometió algunos delitos por los que fue «marcado y condenado a siete años de cárcel»**. Victor Hugo le dio dinero y el ex forzado fue muchas veces a visitarlo a su casa de la Place Royale.

El episodio de la cadena de presos que divisan Jean Valjean y Cosette en la barrera de Maine está seguramente inspirado en algo que Victor Hugo vio y que lo afectó profundamente, a juzgar por un discurso que

* Jean Pommier, «Premier pas dans l'étude des Misérables», en *Bulletin de la Faculté des Lettres de Strasbourg*, número dedicado a Victor Hugo, 40, 1961-1962, enero-marzo (pp. 281-289).
** Adèle Hugo, ob, cit., Vol. I, pp. 264-266.

preparó el 3 de mayo de 1847 para la Cámara de los Pares pidiendo una mejora del régimen penitenciario, en el que se refiere en términos dramáticos a esta inhumana cadena de presos.* Y a lo largo de toda su vida de escritor, tanto en su época conservadora y monárquica, como en la liberal y en la progresista, hay escritos, actitudes e iniciativas suyos demostrando que, en estos dos temas —el rechazo a la pena capital y la crítica al sistema penal— Victor Hugo nunca vaciló y que, vez que hubo ocasión, se expresó sobre ellos con la misma claridad.** Veamos algunos ejemplos de esta coherencia a lo largo de una vida política en la que Victor Hugo cambió de manera de pensar sobre tantos otros asuntos. En 1832, para una reedición de *Le Dernier Jour d'un condamné*, añade un prefacio polémico en contra de la pena de muerte; en 1834, escribió al Rey pidiendo en vano que conmutase la pena para Claude Gueux; pero, en mayo de 1839, el poema que envió a Louis Philippe exhortándolo a salvar a Barbès, condenado a muerte por la insurrección que encabezó con Blanqui, tuvo éxito y así se lo reconocería el propio Barbès, agradeciéndole el gesto (¡33 años más tarde, en julio de 1862, con motivo de la publicación de *Les Misérables*!). En 1848, pronuncia un discurso en la Asamblea Constituyente pidiendo la abolición de la pena de muerte y al año siguiente hace gestiones

* *Actes et paroles, Avant l'Exil*, en *Oeuvres completes*, Tome Septième, París, Club Français du Livre, 1968, p. 119.
** Véase la excelente recopilación de textos de Hugo sobre este tema: *Écrits de Victor Hugo sur la peine de mort*, editados por Raymond Jean Avignon, Éditions Actes Sud, 1979.

(inútiles) para evitar la muerte de otro condenado, un tal Daix. Hay una nueva toma de posición suya contra la pena capital en 1851, ante el tribunal que juzga a su hijo Charles, por haber protestado en el diario *L'Évenement* contra una ejecución. En 1854 lanza una carta abierta al pueblo de Guernesey, donde se iba a ahorcar a un hombre, y el 2 de diciembre escribe un hermosísimo texto pidiendo la gracia para John Brown, norteamericano blanco condenado a muerte por haber alzado a los negros de Virginia contra la esclavitud. También es un bello texto, claro, contundente, su carta abierta a Lord Palmerston contra la pena capital, fechada en Jersey, el 11 de febrero de 1854.*

Este empeño en denunciar lo que considera inadmisible derecho de la sociedad a quitar la vida al delincuente y en pedir que se humanice su sistema judicial y penal, se refleja de manera vívida en *Los Miserables*. Da fuerza contagiosa a todos los episodios inspirados en él y este «mensaje» en la novela resulta siempre inequívoco y transparente. Es, también, uno de los temas en el que, pese a inevitables exageraciones para dar más fuerza dramática a ciertos episodios, *Los Miserables* se ajusta más a la verdad histórica. Pero, atención: sólo si aislamos en la novela el asunto judicial y penitenciario del resto del problema social. Porque, guiado justamente por esa pasión exaltada que el problema le inspiraba, en el mundo inventado este problema parece ser el central y básico de la vida social, la raíz y fundamento de todas las injusticias.

* Adèle Hugo, ob. cit., Vol. II, pp. 225-244.

El trabajo, la distribución de la renta, la educación, la salud pública, el régimen político, las libertades públicas, la producción cultural, etcétera, quedan relegados a un segundo plano o desaparecen ante la presencia aplastante de las desdichas que genera la mal llamada Justicia. En esta desigual distribución de los problemas que realiza la sociedad novelesca ella se distancia de la sociedad «real». Y en esa reorganización desproporcionada, que suprime unos elementos y minimiza o magnifica otros, vemos surgir la «ficción» en *Los Miserables* y aparecer el «elemento añadido».

VI. Los civilizados de la barbarie

En tanto que sobre la pena de muerte, la novela se pronuncia de manera resuelta y contundente, sobre la Revolución, que ocupa casi enteramente su quinta parte en páginas de enorme poderío, es incierta. La insurrección que *Los Miserables* describe es vistosa, romántica y más poética que histórica, pese a su aparente apoyo en un suceso real. En la «Epopeya de la rue Saint-Denis» —escrita de principio a fin en 1860-1862— hay generosidad, audacia, fraternidad, crueldad, violencia, ingenuidad, estupidez, y, por supuesto, miseria y desesperación. Lo que no hay es una visión diáfana de lo que está en juego en el levantamiento. ¿Qué se proponen los líderes de la rebelión? Ni siquiera está claro que sean antimonárquicos empeñados en derribar la Monarquía de Julio y establecer un sistema republicano. Los críticos, al analizar este episodio, realizan a menudo una extrapolación: lo esclarecen ideológica e históricamente, completando las omisiones de la ficción mediante los datos del suceso real, y aprovechando la interpretación que los historiadores contemporáneos han hecho de la insurrección callejera en que desembocó el funeral del general Lamarque. Procediendo así, traicionan al texto literario, desconocen el derecho de toda ficción de alterar la realidad que finge describir y degradan a nivel de documento lo que es en esencia invención. El cotejo de la ficción con el hecho histórico sólo sirve para medir la distancia, no la cercanía, entre ambos, y para averiguar, a partir de los añadidos que operó Victor Hugo sobre el material vivido, el sentido literario, ideológico y moral que aquellos cambios tienen.

¡Viva la muerte!

Si, en la realidad real, el levantamiento callejero de París, en junio de 1832, tuvo un claro contenido ideológico y una finalidad política —lo que está lejos de ser cierto—, en *Los Miserables* no lo tiene en absoluto y su plasticidad épica y su fuerza dramática se convierten en incertidumbre cuando, ateniéndonos a los datos de la ficción, tratamos de precisar las ideas y propósitos que mueven a los insurrectos de la rue Saint-Denis. El divino estenógrafo dice que ésta era una Revolución «formidable y oscura» (IV, XV, I, p. 1.173). Hay que retener sobre todo lo de «oscura»*. La metafórica arenga de Enjolras, después de ejecutar al viejo Cabuc para mantener la disciplina revolucionaria, nos conmueve con su descripción utópica de esa sociedad futura en la que «los monstruos habrán desaparecido ante los ángeles y en la que la

---

* También de la batalla de Waterloo dirá que fue «tan oscura para aquellos que la ganaron como para aquel que la perdió» (II, I, XVI, p. 358).

fatalidad se desvanecerá ante la Fraternidad» (IV, XII, VIII, p. 1.141), pero nos deja en ayunas sobre los pasos concretos que requerirá la transformación de la sociedad actual en ese paraíso. ¿Será una monarquía constitucional o una república? ¿Qué medidas económicas, sociales, políticas, culturales serán adoptadas? ¿Quién y de qué modo gobernará? ¿Qué leyes abolidas y cuáles promulgadas? No hay el menor indicio de una respuesta a estas preguntas en la visión idílica y finalista que Enjolras traza del mundo futuro ante sus compañeros. Y todavía menos instructivo al respecto es el discurso ingenuo y sentimental de Combeferre, en el fondo más disuasorio que exaltante, pidiendo a los insurrectos que piensen en sus esposas y sus hijos y que no se hagan matar (V, I, IV, pp. 1.207-1.208). ¿Cuáles son exactamente los hechos específicos, las injusticias, los abusos, los crímenes, los desmanes cometidos por el poder contra los que los rebeldes se sublevan? ¿Qué medidas, leyes, disposiciones, reglamentos, quieren abolir? ¿Qué atropellos reparar? ¿Qué culpables castigar?

No es gratuito que nada de eso sea explicado en las páginas vibrantes y multitudinarias de la novela. Ocurre que en la realidad ficticia esos problemas no pertenecen al plano histórico sino más bien al de la fatalidad o predeterminación divina. Los hombres son los agentes a través de los cuales la insondable mano de Dios traza el curso de la historia, la que, según sostiene enfáticamente el narrador, es una marcha sistemática hacia el mejoramiento y la justicia: «El progreso es el modo del hombre. La vida general del género humano se llama Progreso; el paso colectivo del género humano se llama

Progreso» (V, I, XX, p. 1.260). Como el obispo de Digne era la encarnación de una idea —la de la santidad— los insurrectos de la barricada de la rue de la Chanvrerie personifican esta idea de la Historia, un designio providencial que empuja la vida humana irresistiblemente, a veces por atajos sorprendentes y con diferencias de ritmo que parecen paradas y retrocesos, hacia la justicia y el bienestar, ese reino de buenaventura social que Enjolras divisa sobre la barricada allá en el horizonte. Los insurrectos son los actores encargados de representar en el escenario del mundo esta idea de la Historia. Por eso la «Epopeya de la rue Saint-Denis» nos parece el episodio más espectacular de una historia en la que, lo hemos visto, la teatralidad es una característica mayor de personas y situaciones. Más que hombres a los que unas circunstancias sociales y económicas determinadas, o una convicción política, han llevado a la desesperación y a la exasperación, a tomar las armas y hacerse cargo de su propio destino, los insurrectos de la novela nos parecen los elocuentes intérpretes de un libreto del que son magníficos animadores, pero también sus siervos. Ellos están ahí, detrás de las piedras y las improvisadas armas esperando el asalto de la tropa, para sacrificarse y morir, a fin de que, gracias a su muerte, la Historia continúe. Su actitud es grandiosa, heroica, sublime, pero curiosamente pasiva, porque para todos es obvio, sobre todo para los rebeldes, que el levantamiento no tiene la menor posibilidad de triunfar. Saben y aceptan que serán aniquilados porque ése es el papel que les toca asumir en ese drama con final feliz y en muchos actos trágicos en la trayectoria de la humanidad. Por eso no suena nada extraño el grito nihilista que escuchamos a los seguidores de Enjolras: «¡Viva la muerte!» (V, I, IV, p. 1.206).

Progreso a ritmo lento

Idéntica teatralidad convierte la batalla de Waterloo de *Los Miserables* en una función sublime en la que
vencedores y vencidos interpretan soberbiamente los
papeles que les ha atribuido un Ser Supremo al que el
Emperador de los franceses comenzaba a estorbar. «¿Era
posible que Napoleón ganase esta batalla? Respondemos: No. ¿Por qué? ¿A causa de Wellington? ¿A causa
de Blücher? No. A causa de Dios» (II, I, IX, p. 344).
Dios ha decidido de antemano el resultado del combate.
Ahora bien, si el fin de la batalla está ya escrito antes del
entrevero y de las cargas y asaltos, del tiroteo ensordecedor y el chirrido de los sables, ¿qué queda para estos
combatientes incapaces de cambiar el rumbo de esa partida de ajedrez de movimientos programados inflexiblemente de la que son obedientes peones? Les queda el
gesto, la destreza formal, la retórica, la elegancia y la belleza con que interpretan su papel, enriqueciéndolo con
desplantes románticos como Ney, pidiendo a gritos que
todos los proyectiles de la artillería inglesa vayan a alojarse en su vientre, o afeándolo como el general Blücher
al ordenar la matanza de los prisioneros. En la maravillosa irrealización de la realidad o ficcionalización de la historia, que es el capítulo sobre Waterloo —como lo es la
epopeya de la rue Saint-Denis respecto a los hechos callejeros de junio de 1832—, el divino estenógrafo puede

afirmar, por eso, con toda legitimidad, que el verdadero ganador de Waterloo fue Cambronne (II, I, XV, p. 356).

En la realidad ficticia, las revoluciones no son una imperfecta, caótica, convulsa, ambigua creación colectiva de imprevisibles consecuencias, sino un ineluctable e impersonal fenómeno que trasciende lo social, ni más ni menos que un terremoto o un ciclón: «Las revoluciones no resultan de un accidente, sino de la necesidad. Una revolución es un retorno de lo postizo a lo real. Ella es porque es necesario que ella sea» (IV, I, IV, p. 854). Para entender lo que es una revolución, según el narrador de *Los Miserables*, hay que cambiarle el nombre —y en este mundo de identidades volubles, cambiar de nombre significa cambiar de rol o función—, y llamarla Progreso. Y para entender lo que significa esa palabra también hay que cambiar su nombre por el de Mañana, es decir, el futuro (II, I, XVIII, pp. 363-364). Porque el progreso «tiene a las revoluciones como etapas» (V, I, XX, p. 1.261). Hay un Destino trazado desde que los seres humanos existen, que ha dotado a la sociedad de un dinamismo que, aunque para ello tenga que pasar por pruebas agónicas, la impulsa sistemáticamente hacia formas superiores de vida material, cultural y moral, exactamente como Jean Valjean desde su encuentro con el obispo de Digne. La civilización avanza siempre, aun cuando, a veces, las apariencias parezcan negarlo y ciertos episodios históricos simulen ser un retroceso.

Éste es el semblante que ofrecen los dos acontecimientos históricos de la novela: la batalla de Waterloo y la insurrección popular de 1832. Waterloo fue, a primera vista, el triunfo de la contrarrevolución, del pasado sobre el presente. Pero, según el divino estenógrafo, «Al parar en seco la demolición de los tronos europeos por la espada, Waterloo sólo tuvo como efecto hacer que el trabajo revolucionario continuara por otro lado» (II, I, XVII, p. 364). Como el Imperio se había vuelto despótico, explica, las monarquías que vencieron a Napoleón debieron dar el contraste y mostrarse liberales, aceptar la Constitución, resignarse a las reformas democráticas iniciadas con la Revolución Francesa, a fin de que ésta prosiguiera sus conquistas de manera vicaria, a través de sus presuntos enterradores. El narrador es categórico: «Gracias a la Revolución las condiciones sociales han cambiado» (IV, VII, III, p. 1.020) y ya no tiene razón de ser la *jacquerie*, la explosión social anárquica de los miserables contra los poderosos, porque a partir de 1789 el Progreso es institucional, regido por el principio de «limitar la pobreza sin limitar la riqueza» (IV, VII, IV, p. 1.022). Las explosiones populares comienzan por ser un simple motín, «tumulto y espuma» que se transforma, como el torrente en río, en insurrección y lleva a veces a ese océano: la revolución (IV, X, II, p. 1.079). Gracias a la Revolución Francesa existe el sufragio universal, institución admirable que priva de toda razón de ser al motín y que, al dar el voto a la insurrección, le roba sus armas (IV, X, II, p. 1.079). Ahora bien, que ya no haya razón para que el pueblo se amotine, no quiere decir que esto no suceda. Como, a veces, el Progreso marca el paso, la miseria exaspera a la muchedumbre «que sufre y que sangra» hasta inducirla a tomar las armas. Pero estas «violencias contra los principios que son su vida, sus acciones contra el derecho, son golpes de Estado populares, y deben ser reprimidos. El hombre probo lo hace y, por amor hacia esta misma muchedumbre, la combate. Pero ¡qué excusable la siente a la vez que la enfrenta! ¡Cómo la venera a la vez que resiste!» (V, I, I, p. 1.194). En una de sus más bellas y delirantes peroratas político-sociales, el divino estenógrafo hace una distinción entre «los salvajes de la civilización» y «los civilizados de la barbarie» y asegura que, si hay que elegir, elige la barbarie. Pero, añade, «gracias al cielo es posible otra elección (...). Ni despotismo ni terrorismo. Nosotros queremos el progreso a ritmo lento» (IV, I, V, p. 871).

Estas ideas sobre la historia, el destino humano, la revolución y el progreso, constituyen una curiosa mezcla de providencialismo liberal e historicista aderezado de pragmatismo social democrático. La Historia es un progreso continuo, cuyas pautas son ciertos sobresaltos grandiosos llamados revoluciones. La más importante y, en cierto modo, la última de todas es la de 1789, que sentó las bases legales e institucionales para que a partir de ella el Progreso sea «una pendiente suave», sin caídas bruscas. Sin embargo, como la eliminación de la miseria es lenta y hay altos y desvíos en la marcha del progreso, se producen a veces nuevas revoluciones que, aunque tendrán que ser debeladas para que la historia prosiga su camino ineluctable, deben ser comprendidas, excusadas, admiradas, lloradas y cantadas.

Estas ideas no carecen de originalidad. El divino estenógrafo las expone con vehemencia sugestiva y una artillería metafórica que nos seduce, pero no las salva de ser extraordinariamente contradictorias. Pues bien, de esa contradicción surgen las sombras que rodean las vibrantes secuencias de la «Epopeya de la rue Saint-Denis». Los fines estratégicos en juego, las reivindicaciones y banderas de los combatientes, el sentido político y social de su rebelión no están claros porque, simplemente, nada de ello tiene importancia para el árbitro supremo, ese narrador convencido de que los sucesos de la barricada de la Chanvrerie son apenas uno de esos pasos dramáticos de la Historia en su fatídica trayectoria hacia la dicha humana. Lo que los insurrectos piensen o quieran importa poco, o, mejor dicho, nada: ellos son las herramientas pasajeras de un grandioso designio; un jalón en el largo camino hacia el luminoso destino de la humanidad descrito por Enjolras. Lo mismo se puede decir de las fuerzas del orden que asaltan la barricada y aplastan a los insurrectos. Unos y otros son los fugaces adversarios de un juego cuyas reglas no han establecido y cuyo resultado tampoco llegarán a conocer.

Victor Hugo y la insurrección de 1832

Pero hay otra razón para que la «Epopeya de la rue Saint-Denis» sea ideológicamente «oscura». Para comprobarlo, ahora sí debemos abandonar el mundo de la ficción y trasladarnos a lo que realmente ocurrió y a la manera como el autor conoció aquellos sucesos, treinta años antes de convertirlos en materiales de novela. Victor Hugo tuvo una experiencia directa del comienzo de la insurrección del 5 de junio de 1832. Se hallaba, ese día, paseando por el Jardín de las Tullerías —era su método de trabajo desde que los médicos le habían aconsejado estar al aire libre y rodeado de vegetación debido a la irritación de sus ojos, según cuenta el más erudito de sus biógrafos*—, y dando mentalmente los últimos toques a la última escena del Primer Acto de *Le Roi s'amuse*, cuando vio que echaban al público y cerraban las puertas del Jardín. Oyó que había estallado una insurrección con motivo del entierro del general Maximilien Lamarque (1770-1832), uno de los antiguos generales de Napoleón, gobernador militar de París durante los Cien Días, proscrito de 1815 a 1818, diputado liberal desde 1828 hasta su muerte y uno de los jefes del partido republicano. Victor Hugo se dirigió «*au Passage du Saumon*», donde se levantaban las barricadas y se vio de pronto en medio del tiroteo; debió protegerse durante una media hora entre las semicolumnas de las tiendas. La anécdota está consignada en *Los Miserables* por el narrador (IV, X, IV, p. 1.090), y repetida por Adèle Hugo en *Victor Hugo raconté par un témoin de sa vie***, quien añade que, al día siguiente de la insurrección, Victor Hugo cenaba en casa de Émile Deschamps, donde Jules de Rességuier le contó «la heroica defensa del claustro Saint-Merry», testimonio que le permitió escribir las épicas descripciones que figuran en *Los Miserables*. De estos datos que no tenemos por qué poner en duda, no debe concluirse sin embargo, como hacen algunos comentaristas, que el relato de la jornada insurreccional

* Jean-Marc Hovasse, *Victor Hugo. Tome I. Avant l'exil 1802-1851*, París, Fayard, 2001, p. 539.
** Adèle Hugo, ob. cit., Vol. II, pp. 322-323.

sea fiel. También en este episodio, el elemento añadido es más importante que el tomado de la realidad real.

¿Cuál fue la actitud del Victor Hugo de 1832, al que el azar puso en medio de los insurrectos y las fuerzas del orden, frente al levantamiento callejero? ¿Solidaridad? ¿Simpatía por los rebeldes? No hay documento que lo pruebe. Y hay, en cambio, indicios de sobra para deducir que su reacción frente a los sucesos fue más bien de indiferencia, acaso de hostilidad. Una anotación suya sobre los sucesos de ese día, dice, sobriamente: «Motín del convoy de Lamarque. Locuras ahogadas en sangre...»*. Es una observación objetiva y crítica.

Desde julio de 1830, reinaba en Francia Louis Philippe y Charles X se hallaba en el exilio. Victor Hugo, que había sido un «ultra» entusiasta de la Restauración, régimen del que recibió pensiones y dádivas, pero que, también, es verdad, le prohibió dos obras de teatro, saludó con entusiasmo al nuevo régimen, con su poema *À la jeune France* (escrito el 10 de julio), aparecido en *Le Globe* el 19 de agosto de 1830. Al levantarse la censura, las obras prohibidas de Victor Hugo pueden estrenarse y en el prefacio de *Marion de Lorme*, en agosto de 1831, Hugo habla de la «admirable revolución de 1830» gracias a la cual el teatro «ha conquistado su libertad en la libertad general». Sus relaciones con la Monarquía de Julio son todavía mejores que con la Restauración; al cumplirse un año de Louis Philippe en el trono, el gobierno le encarga

* Citado por Hubert Juin, *Victor Hugo, Tome I*, París, Flammarion, 1980, p. 669.

un Himno (al que pondría música Hérold): *L'Hymne aux morts de Juillet*, que aparecerá en *Les Chants du Crépuscule*.

A consecuencia de la insurrección de junio de 1832, se declara el estado de sitio. El 7 de junio Sainte-Beuve escribe a Victor Hugo pidiéndole la firma para una declaración de escritores en favor de la «independencia de la prensa» y esa misma noche Victor Hugo le responde: «Firmaré todo lo que usted firme, pese al estado de sitio». Pero la declaración no llega a materializarse. A una nueva carta airada de Sainte-Beuve contra el régimen, Victor Hugo le contesta solidarizándose con él pero dejando en claro que, a su juicio, el ideal republicano debe materializarse de modo gradual, pues Francia aún no está preparada para realizarlo: «La República proclamada por Francia en Europa, será la corona de nuestras canas». La República es un ideal lejano; en el momento actual, el poeta se acomoda más que bien con el régimen de Louis Philippe, que lo elevará a las máximas alturas, ennobleciéndolo: lo hace vizconde y par del reino. Aquella mañana del 5 de junio de 1832, cuando se vio en medio del tiroteo del Passage du Saumon, Victor Hugo, si estaba políticamente cerca de alguien no era de los sectores de la oposición sino de la Monarquía de Julio.

¿Cuáles eran estos sectores y cuál de ellos se alzó en armas aprovechando las exequias del viejo general? Las opiniones de los historiadores divergían sobre este punto en el pasado, pero ahora parece claro que *todos* los enemigos de la Monarquía de Julio —tanto los que hacían una oposición de izquierda, los republicanos y bonapartistas, como los de derecha, los legitimistas y carlistas—, se pusieron de acuerdo para amotinar al pueblo con motivo de los funerales de Lamarque y se enfrentaron juntos a la guardia.* De manera que a la pregunta ¿qué querían los insurrectos que se hicieron matar en las barricadas de Saint-Denis en las jornadas de junio de 1832?, hay que responder: cosas distintas e incompatibles entre sí. Los republicanos querían acabar con la monarquía e instaurar un régimen democrático y parlamentario, basado en el sufragio universal; los carlistas y legitimistas, resucitar la Restauración, es decir la monarquía absoluta, tradicional y ultramontana, aboliendo los últimos vestigios de constitucionalidad y liberalismo, y, los bonapartistas, el desquite contra los traidores de Waterloo y los sepultureros del Imperio que pretendían restaurar... ¿Se puede concebir una amalgama más heterogénea? *Los Miserables* hace de todo ello una astuta abstracción: disuelve estos particularismos ideológicos en una nube sentimental y utópica tan general en sus principios y en su retórica que los representa a todos y a ninguno, hermanándolos doctrinariamente en una lírica ficción intelectual.

Borrando los matices y fines específicos de unos y de otros, aboliendo las diferencias y las preocupaciones

* Véase sobre este punto dos artículos que analizan lo que Victor Hugo vio, investigó e inventó sobre la insurrección del 5 de junio de 1832, y las fuentes de que se sirvió: «Le Paris des Misérables», de Émile Tersen, y «De l'histoire au roman», de Gérard Milhaud, ambos en el número de *Europe* dedicado a la novela con motivo del centenario (París, febrero-marzo, 1962) y, también, el libro de Louis Blanc, *Histoire des Dix Ans 1830-1840*, Vols. I-IV, Bruxelles, Société Typographique Belge, 1850, datos consultados asimismo por Victor Hugo.

ideológicas concretas de cada uno de estos sectores a los que su oposición al régimen de Louis Philippe ha reunido en la barricada de la Chanvrerie, sustituyendo los problemas políticos concretos por una emotiva protesta de carácter moral contra la injusta realidad presente y el anhelo por una sociedad de justicia y fraternidad de la que su inmolación bajo las balas enemigas sería premonición, el divino estenógrafo llevó a cabo una operación más compleja y noble que una superchería: trastocó la historia en ficción. En *Los Miserables*, la insurrección del 5 de junio de 1832 es algo esencialmente distinto al hecho histórico, una de las más hermosas y contagiosas hazañas de una fabulación que, sirviéndose de materiales de una realidad circunstancial, habla, de la manera figurada y simbólica propia de la literatura, de asuntos más profundos y permanentes que aquella peripecia histórica.

Antes de ver cuáles son estos asuntos, veamos todavía otro tipo de sustituciones operadas por la cirugía del divino estenógrafo en la realidad que finge reproducir en ese París insurgente.

Si nos atenemos a los datos de los sociólogos, economistas, estadísticos e historiadores, el París de los últimos años de la Restauración y los primeros de la Monarquía de Julio, es una ciudad de pesadilla, en la que, junto con el desarrollo urbano y la actividad industrial, la miseria y la delincuencia han venido creciendo de manera paralela. Según un librito con pretensiones estadísticas sobre la delincuencia, escrito por Balzac, pero publicado sin firma en 1825, una de cada diez personas es un delincuente («40.000 estafadores, 15.000 ladronzuelos, 10.000 ladrones con efracción, 40.000 mujeres públicas que viven del bien ajeno, constituyen una masa de 110 a 120.000 personajes algo difícil de administrar. Si París tiene 1.200.000 almas, y el número de ladronzuelos llega a 120.000, resulta que hay un pillo por cada 10 personas decentes»)*. En el admirable estudio de Louis Chevalier, de donde tomo estos datos, se demuestra que jamás como en estos años «fueron tan fuertes los antagonismos sociales y políticos, jamás se dieron a semejante ritmo las tormentas políticas y jamás, pese a la expansión económica, y hasta en los períodos de más incontestable prosperidad, la miseria de los más fue tan total»**. El cuadro que traza esta investigación es pavoroso: la pobreza y el desamparo de grandes sectores de la población se traducen en crímenes, suicidios, infanticidios, abandono de niños, robos y asaltos, al extremo de que el crimen y el miedo al delito van a proyectarse en todo un género literario —el folletín criminal— de gran éxito, en el que un público masoquista se deleitará con espanto y felicidad.

Pero, aparte del sobresalto, el miedo y el delito que la miseria hace reinar en París, otro motivo de zozobra callejera precede, por poco tiempo, a la insurrección del 5 de junio de 1832: la peste. El 26 de marzo de 1832 se descubren las primeras víctimas y el 31 de ese mes hay ya 300 casos detectados. Al día siguiente, 565, y se cuenta un centenar de muertos. La devastación por la epidemia de cólera morbo continuará los días y semanas siguientes,

* *Le Code des gens honnêtes*, París, 1825.
** Louis Chevalier, *Classes laborieuses et classes dangereuses à Paris pendant la première moitié du XIX siècle*, París, Plon, 1958, p. XV de la Introducción.

hasta llegar a más de 45.000 parisinos fulminados por el mal. Estos estragos, además de la desesperación y el terror que provocan, sobre todo en las barriadas populares sin higiene donde se encarniza el mal, originan explosiones de violencia. En abril y mayo, es decir, en las semanas anteriores al entierro del general Lamarque, hay, en distintos puntos de París, entre la pestilencia y mortandad, motines, linchamientos y escenas de locura colectiva. El rumor de que manos criminales están «envenenando las aguas» lanza a grupos de exaltados al asalto de los cuerpos de la guardia, a la vez que desconocidos y forasteros que asoman por las barriadas son sacrificados, como chivos expiatorios, por una muchedumbre desenfrenada que busca culpables, alguna manera de aplacar la cólera que le produce el infortunio que la golpea por doquier. La agitación social y política se entrevera con estos estallidos salvajes. Hay una rebelión de traperos y un levantamiento en la prisión de Sainte-Pélagie, que son sofocados de manera sangrienta.

Éste es el contexto histórico real de los sucesos del 5 de junio. París es una ciudad solivantada por diversos factores, desde el más general de la pobreza de grandes sectores, hasta el más inmediato de los estragos de la peste, que, como es natural, golpea sobre todo en los barrios miserables. Hambre, furor, miedo, múltiples antagonismos, una necesidad irracional de desquite e inmolación, contribuyen a que el polvorín social estalle. La chispa son los desórdenes desatados con motivo del entierro del general republicano.

Superpongamos estas dos imágenes, la del París histórico y la de la ciudad que aparece en la «Epopeya de la rue Saint-Denis» en *Los Miserables*. ¿Qué vemos? Que lo más importante no son las semejanzas sino los contrastes, las profundas modificaciones que la imagen artística ha operado a partir de la visión histórica.*

Por lo pronto, aquel contexto exasperado y caótico, de violencia social y estallidos irracionales, ha desaparecido. Se han eclipsado la peste, sólo mencionada oblicuamente al comienzo del libro «5 de junio 1832», donde se dice que su aparición «había helado» los espíritus tres meses antes de la insurrección, y la atmósfera caldeada por el miedo, la furia y el hambre, y la extraordinaria confusión en los espíritus que sirvió de caldo de cultivo para que los agitadores políticos fueran seguidos por el pueblo a las barricadas. ¿Con qué ha sido reemplazado en la «Epopeya de la rue Saint-Denis» ese contexto abolido? Con un espejismo retórico, uno de esos extensos y formidables discursos en los que el divino estenógrafo,

---

* Louis Chevalier señala al Hugo de *Los Miserables* como el novelista que más fielmente reflejó el tema «criminal» de su tiempo —más que Balzac o Sué—, porque, dice, la suya fue la primera novela en mostrar a las *classes dangereuses* y las *laborieuses* no como entidades rigurosamente separadas, impermeables una a otra, sino visceralmente ligadas, y en entender que el crimen era un «subproducto» de la miseria y que permeaba igual que ésta a toda la sociedad. Desde luego que desde este particular punto de vista —la visión sociológica del delito que aparece en la novela— la afirmación de Chevalier tiene peso; pero relativamente, pues, como él mismo señala, en su testimonio «involuntario» Hugo es bastante fiel a la realidad criminal, en tanto que los bandidos de la novela —el famoso cuarteto de Patron-Minette, que gobierna la noche delictiva de París— son tan convencionales y hechizos como los de los folletines que lo precedieron.

valiéndose de la Filosofía para erradicar la Historia, discurre, con tanta vaguedad como elegancia, con tanta metáfora como asepsia política, sobre las diferencias entre motín e insurrección y la naturaleza de las revoluciones, y hace sutiles y líricos distingos entre la Historia clásica —Grecia, Roma— y el pasado de Francia. Es verdad que en su perorata acaba por llegar al fin al tiempo en que ocurren los sucesos, pero aún allí permanece siempre en las alturas inocuas de la palabrería, explicando las debilidades de la Monarquía de Julio, la hostilidad que podía haber despertado, mediante imágenes y metáforas que ni remotamente dan cuenta del contexto real, sociológico y político, de las jornadas parisinas del 5 de junio de 1832.

No le hacía falta, no era ése su objetivo. *Los Miserables* son una ficción, no un libro de Historia; en ella, los hechos históricos son pretextos de que se vale un creador para forjar una realidad distinta, y para hablar de los asuntos que lo obsesionan y que lo han ido llevando, a veces consciente, a veces inconscientemente, a encontrar para ellos una forma narrativa. El tema del que profundamente estaba escribiendo Victor Hugo cuando rehízo en su novela —transformándolos— los acontecimientos históricos de Waterloo y de la insurrección del 5 de junio de 1832, no tenía que ver mucho con la vida social, a pesar de las apariencias, sino con la vida íntima del alma. Y en su descripción de la sociedad lo que la novela trata desesperadamente de describir son las huellas de una presencia, que, sin mostrarse nunca del todo, es la más importante del libro, su contexto esencial, el aglutinante de sus episodios: la misteriosa mano de Dios.

VII. Desde lo alto del cielo

Cuando Victor Hugo, luego de un intervalo de doce años, reanuda la redacción de *Los Miserables*, decide escribir un «Prefacio filosófico» a la novela. La relectura del manuscrito le toma, según algunos, del 26 de abril al 21 de mayo de 1860, aunque Marius-François Guyard, en su edición de la novela, asegura que terminó la revisión el 12 de mayo y escribió el Prefacio del 26 de julio al 14 de agosto.* En todo caso, es seguro que comenzó a trabajar en el Prefacio inmediatamente después de la relectura. La tarea lo ocupó junio, julio y las primeras semanas de agosto, tiempo excepcionalmente dilatado para un autor que acostumbraba escribir una pieza de teatro en pocos días y una novela en unas cuantas semanas. El 14 de agosto, súbitamente, interrumpió el Prefacio aún sin terminar «para retomar el trabajo principal». Nunca lo acabó, y, en su lugar, publicó como epígrafe de la novela unas breves líneas afirmando que *Los Miserables* podían ser útiles mientras no fueran resueltos los «tres problemas del siglo»: la degradación del hombre por el

---

* *Les Misérables*, ed. Marius-François Guyard, París, Classiques Garnier, 1957.

proletariado, la decadencia de la mujer por el hambre y la atrofia del niño por la noche.

Ateniéndose a este escueto epígrafe, muchos críticos han concluido que las intenciones del libro son sociales y que con la novela Victor Hugo se propuso combatir las injusticias, prejuicios y el desamparo de que eran víctimas los trabajadores, las mujeres y los niños en la Francia de su época. La lectura del enorme y trunco *Préface Philosophique* revela un designio más ambicioso: demostrar la existencia de una vida trascendente de la cual la terrenal sería transitorio subproducto. El Prefacio no anuncia una novela comprometida, arraigada en una problemática de *aquí y ahora*, sino la demostración teológico-metafísica de la existencia de una causa primera y el empeño de rastrearla en la «infinita» historia de los hombres. No es la oposición entre justicia e injusticia social, sino la del bien y el mal, la que tiene en mente quien escribe el desmesurado y fascinante Prefacio...

Constaba de dos partes: «Dios» y «El Alma». Sólo terminó la primera; pero de la segunda dejó un borrador bastante elaborado sobre las ideas que se proponía desarrollar.* En un breve preámbulo, Victor Hugo caracteriza la naturaleza de la ficción y sus relaciones con el mundo real: «Este libro ha sido compuesto de dentro hacia fuera. La idea engendra los personajes, los personajes producen el drama, y ésta es, en efecto, la ley del arte;

---

* El texto completo fue reproducido en la edición de l'Imprimerie Nationale, París, Paul Ollendorff, 1908, primera parte, Vol. III, pp. 309-400.

poniendo como generador, en lugar de la idea, al ideal, es decir a Dios, se advierte que cumple la función misma de la naturaleza. El destino y en particular la vida, el tiempo y en particular este siglo, el hombre y en particular el pueblo, Dios y en particular el mundo, he aquí lo que he intentado poner en este libro, especie de ensayo sobre el infinito» (p. 311).

La enumeración del infinito

Dios, el tiempo, el destino, la vida, son temas más vastos que la circunstancia histórico-social, una problemática, en efecto, «infinita». La impresión que produce el Prefacio es la de una empresa enciclopédica, imposible de resumir: la formación de la materia, la creación de los astros, el despertar de la vida, la evolución de los reinos mineral, animal, vegetal, el desenvolvimiento de las ciencias y el conocimiento de la naturaleza, el brote de la filosofía, la aparición y evolución de las religiones y la manera como han dado respuesta a los interrogantes del hombre sobre su origen, el principio de la vida y su destino. El insólito texto comienza con una descripción de las tierras, los mares, los aires, los astros, los cometas, lo orgánico y lo inorgánico, lo infinitamente grande y lo infinitamente pequeño. La objetividad científica con que, por ejemplo, habla del sol —su distancia, tamaño, forma, naturaleza—, de los astrónomos a lo largo de la historia o de los eclipses, está condimentada de imágenes que son rayos de luz en unas tinieblas por momentos espesas. Sin embargo, aunque en el detalle la exposición y la información sean a veces vagas o equivocadas, el autor —aquí sí se puede hablar de él en vez del divino estenógrafo— no pierde jamás la dirección general de su discurso. Hugo no olvida que este texto es una demostración, no una descripción. Por eso, como hitos de una trayectoria, entre la relación de los fenómenos surge, de pronto, un paréntesis metafísico, como el que interrumpe una perorata sobre la Vía Láctea y el universo planetario, en el que «nuestro» sol es apenas una gota insignificante comparado a los soles de otros sistemas estelares: «Y la noche está toda llena de esos fanales del infinito. ¿Y cuáles son las formas de la vida, de la vida en el mundo, de la vida en el espacio? ¿Qué falenas van a quemarse en esos lugares? ¿Os figuráis los prodigiosos monstruos que deben de ser?» (p. 340). En filigrana, una inquietud filosófica, religiosa y, por momentos, esotérica, va transpareciendo en este resumen del saber universal. La exposición se carga de un aura poética —«El estado normal del cielo es la noche»— y de interpretaciones que contagian al universo material un temblor religioso, como que el frío glacial y la oscuridad del espacio representan un castigo impuesto a lo creado: el filósofo piensa en todas «las inexplicables formas del mal visibles en la vida, y ve levantarse ante él, como telón de fondo, esta realidad aterradora, el mundo tenebroso. Esto es el sufrimiento, y, cosa lúgubre, un sufrimiento que tiene la dimensión del universo» (p. 342).

Las pruebas de la existencia de Dios están en las limitaciones del conocimiento para resolver los enigmas que surgen precisamente a medida que la ciencia ensancha su radio de acción. Sabemos que cada astro tiene una trayectoria propia, pero ¿qué es la vida «selenocéntrica» o «heliocéntrica»? ¿Por qué los cometas trazan elipsis, hipérboles, parábolas y los planetas círculos? Observar el mundo es descubrir «Abismos, abismos, abismos». Frente a esta suma de prodigios y de enigmas ¿se puede ser ateo? «Ante lo inmanente, el hombre siente su pequeñez, y su brevedad, y su noche, y el temblor miserable de su radio visual. ¿Qué hay detrás de ello? "Nada", decís vosotros. ¿Nada? ¡Qué! Yo, gusano de tierra, estoy dotado de inteligencia ¿y esta inmensidad no lo estaría? ¡Oh, perdónalos, Abismo!» (p. 345).

El ser es un «milagro innombrable». Lo ínfimo y lo gigantesco están misteriosamente emparentados. También en las matemáticas, la geometría, el álgebra, aparece tarde o temprano lo incomprensible. El «punto geométrico» es el lugar de encuentro de la materia y la abstracción, «la profundidad más grande que pueda contemplar el espíritu. Por esta abertura se ve nítidamente a Dios» (p. 349). Una larga enumeración de filósofos y pensadores griegos y latinos que «han rezado» ilustra la tesis de que todas las filosofías desembocan en «el dedo puesto sobre la boca y el ojo fijo espiando la noche» (p. 350). Las religiones son «la sombra del universo sobre la inteligencia humana y tienen un fondo común; todas producen o usan leyendas, mitos, ritos y formas semejantes, y casi todas ellas han originado ciertos prototipos que, como los solitarios, ascetas y eremitas, se repiten a lo largo del tiempo». Esto prueba «la tenacidad de las supersticiones», pero, también, que no ha habido ni hay sobre la tierra un ser pensante en quien el espectáculo del universo «no genere la construcción de un Dios». La única manera de ser escéptico es negar el mundo y el yo y afirmar que todo es apariencia. Pero eso es un contrasentido. La contemplación del universo ha llevado al hombre a preguntarse por las causas y la causa primera, es decir, Dios. El terror sagrado hizo nacer las religiones, de las cuales brotaron las supersticiones. Para salvar a los hombres de estas últimas los filósofos pretendieron extirpar las religiones y el resultado fue el materialismo. ¿Qué queda de él ahora?

Así termina la primera parte, que quería justificar racionalmente la existencia de Dios. La segunda quiere probar la del alma, e inicia la demostración con un axioma: «La cantidad de derecho se mide por la cantidad de vida». Moralmente es más fácil quebrar una piedra que partir un árbol, que matar un animal, que matar un hombre. Ahora bien, ¿cómo se sitúa el ser humano en relación con lo existente? ¿Es un tirano? ¿Un verdugo? Su facultad es «la omnipotencia», a condición de que tenga como objetivo «el progreso». Desde este punto de vista el hombre «tiene derecho de vida y de muerte sobre todos los seres inferiores. Es el temible dictador de la materia» (p. 365). Pero este poderío que ejerce sobre la materia perecedera es síntoma de que hay en él algo que no es material ni perecedero, algo durable, inmortal y, gracias a este aspecto trascendente de lo humano —el alma—, existe la «comunicación» entre lo creado: «El espacio es un océano; los universos son islas. Pero hace falta comunicación entre ellos. Esas comunicaciones se hacen a través de las almas».

A partir del segundo capítulo, el discurso adquiere un tono polémico para rebatir el ateísmo de los liberales que creen en «la religión de la humanidad». La idea de la democracia se inspira, dice, en la intuición de una armonía secreta y profunda entre las cosas del Universo. El hombre trata de reproducir en la sociedad la «solidaridad» que vincula «todo con todo». «El hombre es solidario del planeta, el planeta lo es del sol, el sol de la estrella, etc.» Ahora bien, lo que permite reconocer el íntimo parentesco entre lo existente es una «visión interior», un guía o vigía con que cuenta el hombre para conducirlo más allá de las fronteras que encuentra siempre el razonamiento. ¿Significa esto que, a diferencia de la razón, que suele equivocarse, la intuición es infalible? No, también puede errar, pero, a diferencia del conocimiento racional, ella «jamás pierde de vista la realidad ideal... El absoluto es su visión». ¿Qué significaría negar esta dimensión moral y quedarse sólo con lo material? Identificar al ser humano con el animal y la cosa, negar la libertad y declarar inocente al tirano. Admitir la existencia del alma no sólo permite entender la libertad y hacer al hombre responsable de sus actos, sino aclarar «el vínculo del hombre con lo Desconocido».

Si uno se limita a estudiar los temas de la libertad y la responsabilidad en términos exclusivamente materiales las conclusiones a que llega no pueden ser más pesimistas. ¿No es ilusoria en tantos casos la responsabilidad legal? Los malvados no siempre pagan sus crímenes —«no siempre la indigestión castiga la orgía»— y a veces los inocentes cargan con faltas que no han cometido. ¿Qué queda si se suprime la responsabilidad moral derivada de la existencia del alma? Los más inciertos capítulos de esta segunda parte, el VI y el VII, tratan de diferenciar las «almas latentes» y las «almas patentes» e interpretan la noche, fenómeno físico, como una tentación amenazadora para la salud moral, ya que las sombras estimulan las dudas, la ansiedad y los pensamientos lúgubres.

El hombre necesita certezas. ¿Puede encontrarlas en la ciencia? Desde luego que no, ya que cada avance científico muestra los yerros y lagunas en que ha vivido la sociedad. Muestra también que los límites de la realidad son elásticos, que se extienden todo el tiempo, y por eso es fútil decir, como ciertos demócratas materialistas, que no aceptan «el supernaturalismo». Lo cierto es que la realidad crece cada día, merced a la ciencia, en lo lejano (gracias al telescopio) y en lo cercano (gracias al microscopio). La «seguridad» que busca el ser humano sólo la concede la fe, la creencia en aquella ley moral que no existiría si el hombre fuera sólo materia: «La democracia sólo quiere creer. Creer es poder». De otro lado, Dios da fundamento religioso y filosófico al principio republicano: «No hay rey porque hay un Dios; toda monarquía es una usurpación de privilegio. ¿Por qué? Porque si no se es el autor no se tiene derecho a la autoridad». Sigue una argumentación contra el sistema monárquico y la defensa de la idea según la cual Dios quiere «la democracia humana». El principio de un monarca de derecho divino es comprensible entre las abejas, ya que la reina es, entre todas, la más grande, la que vive más tiempo y la que literalmente engendra a su pueblo. Pero ¿hay entre los humanos una superioridad tan definitiva de alguien sobre los demás? Los hombres han sido hechos iguales: «Mi igual no es mi amo; mi hermano no es mi padre» (p. 384).

Este razonamiento se vuelve emotivo y anecdótico en el largo capítulo XI, en el que Victor Hugo rememora sus discusiones en Bruselas, en 1852, con el ex cura Anatole Leray, ateo y materialista, quien terminaría años después sacrificando su vida en Australia por salvar a una mujer de un naufragio. Y se eleva de nuevo al plano intelectual para recordar que el fanatismo religioso ha causado terribles daños y que la superstición es algo atroz. ¿Se cura la superstición suprimiendo el hecho religioso? La sociedad puede acabar con las iglesias, los ritos, los textos sagrados. ¿El hombre quedará libre? Ante una gran desgracia, caerá de rodillas, como esa madre que acaba de perder a su hijo. ¿Ante quién se arrodilla? Ante lo Desconocido: «El misterio os ha aprisionado una vez más. O, mejor dicho, nunca os soltó del todo» (p. 390). Es verdad que la idea de un Dios que creó «el mal» y que permite que siga existiendo resulta «incomprensible». Pero ¿es éste un argumento sólido a favor del ateísmo? Lo incomprensible —el infinito— nos rodea y sin embargo existe.

Los capítulos siguientes desarrollan la idea de una justicia inmanente en «lo absoluto» y defienden, a la manera del utopista Saint-Simon, la actitud religiosa al margen de las iglesias constituidas. Protestar contra los excesos y yerros de las iglesias es legítimo, «una llamada más profunda a Dios». Un pensador no debe protestar contra la religión sino contra las actitudes que la falsifican. Examinar el problema humano desde cualquier ángulo, lleva inevitablemente a la conclusión de que algo existe fuera del hombre y de que hay un vínculo, impalpable pero irrompible, que une al hombre con lo

Desconocido: la oración es una tentativa de diálogo con esa sombra y «Cualquiera que haya rezado sabe que esa sombra escucha y responde» (p. 398).

El último capítulo —XII— regresa a la novela y resume la meta y sentido de *Los Miserables*: «¿Es este libro el cielo? No, es la tierra. ¿Es el alma? No, es la vida. ¿Es la plegaria? No, es la miseria. ¿Es el sepulcro? No, es la sociedad».

«La tierra sólo se ve bien desde lo alto del cielo. Para cumplir su cometido, un estudio de la miseria debe conseguir implícitamente dos cosas: ser una llamada de atención a los hombres, una súplica que se dirija a lo más alto… Sólo se puede pintar eficazmente lo real a la luz del ideal.»

«Pintar la desdicha, toda la desdicha, es decir la doble desdicha, la desdicha humana que viene del destino, la desdicha social que viene del hombre es, sin duda, un empeño útil, pero para que alcance plenamente su objetivo, el progreso, este empeño exige una doble fe: en el porvenir del hombre sobre la tierra, es decir, en su superación como hombre; y en el porvenir del hombre fuera de la tierra, es decir, en su superación como espíritu.»

«Las obras en las que se escucha gemir al género humano deben ser actos de fe.»

«… Yo creo en Dios.»

Una tentativa imposible

La mayoría de los comentaristas de *Los Miserables* no han dado importancia a este Prefacio filosófico, a primera vista ajeno a la novela, un *collage* que el propio autor, advirtiéndolo, terminó por descartar. Uno de los críticos que ha propuesto una interpretación del Prefacio es Pierre Albouy.* A su juicio, es un ensayo dictado por las circunstancias políticas del momento. En el Prefacio, dice Albouy, Hugo, además de *situar* a Dios y al alma, quiere probar que estas creencias, en vez de perjudicar a la democracia, le son indispensables. Y a quien se dirige esta obra, primordialmente, es a los demócratas, republicanos, revolucionarios ateos, que pasaron del anticlericalismo a la negación de Dios. Hugo estaba rodeado de gentes así, como Auguste Vacquerie, Victor Schelicher y Hamet de Kerles y era la mentalidad y actitud que ellos representaban lo que habría querido rebatir en su libro, mostrando «a Dios en la tierra, en la humanidad». El designio que la novela quiere materializar, pues a Hugo le parece el problema político primordial, concluye Albouy, es «hacer que Dios penetre en la sociedad humana».

Esta tesis no tiene en cuenta que Victor Hugo había comenzado a escribir la novela muchos años atrás y que sus ideas políticas y religiosas se habían modificado considerablemente en ese lapso. En aquel largo período, también cambió su ambición novelística. Ella ha *aumentado*. Éste es un punto en el que podemos establecer de inmediato una afinidad entre la novela y el Prefacio filosófico: la ambición desmedida, lo que ambos textos tienen de tentativa imposible. Alejados en el tiempo,

* «Le Préface Philosophique des Misérables», en *Bulletin de la Faculté des Lettres de Strasbourg*, enero-marzo, 1962, pp. 315-328.

desaparece para el lector contemporáneo todo lo que hubo en ellos de coyuntural y sólo sobrevive lo que puede repercutir directamente en nuestra sensibilidad y en la problemática actual. Este elemento, antes que religioso o político, es formal y literario. Tanto el Prefacio inconcluso como la novela terminada impresionan por el empeño desorbitado que los anima de agotar un tema hasta sus últimas consecuencias, en todas sus fases y proyecciones. El Prefacio quiere demostrar la existencia de Dios por el método más copioso: la descripción del universo, empezando —como lo hizo el Creador según la Biblia— por el espacio infinito, los astros, los elementos, la materia, hasta llegar a ese ser privilegiado y superior, el hombre, en quien se encuentran lo humano y lo divino. Esta tentativa no quiere ser sólo material, también espiritual, describir todos los componentes inmateriales de la historia humana, la aparición y desenvolvimiento de las ideas filosóficas y religiosas, de las creencias, las supersticiones, los dogmas, para rastrear en este oceánico catastro de lo existente, la presencia de Dios. No es extraño que en un momento dado, advirtiendo lo vertiginoso de la empresa, la abandonara.

¿Interrumpió realmente para siempre ese Prefacio filosófico Victor Hugo el 14 de agosto de 1860? Lo continuó por interpósita persona: la novela. No me refiero a las ideas y páginas del Prefacio que incorporó en 1861 al Libro VII de la segunda parte —«Paréntesis»— donde, con el pretexto de hacer una crítica del monaquismo, expone su fe en Dios y en la necesidad de orar, aunque sea al margen de las religiones, y rebate al ateísmo, sino a una manera más sutil, acaso inconsciente, de transformar la materia intelectual del Prefacio en la sustancia misma de esa ficción, ya enorme y politemática, que en los dos años siguientes seguiría creciendo febrilmente en todas direcciones, mediante la amalgama o yuxtaposición de materiales diversos, hasta alcanzar unas proporciones desmedidas y revelar, en su designio cuantitativo, una meta tan ambiciosa como quimérica: la de una historia *total*.

La novela total o la voluntad deicida

Volvamos a esta idea de totalidad, inevitable, ya lo dijimos, siempre que se habla de la novela. En *Los Miserables* esta tentación se halla presente por doquier y de múltiples maneras, empezando —como en el Prefacio— por la cantidad de palabras de la historia. El afán de incorporar todos los elementos capaces de redondear la anécdota y darle autosuficiencia, una redondez compacta, sin dejar el menor cabo suelto, cerrando todos los resquicios, ha impreso su huella en la estructura y en la ideología explícita de la novela. En lo que concierne a la organización de los materiales narrativos, el afán totalizador hizo que la acumulación cuantitativa se llevara a cabo con el sacrificio de la integración cualitativa de los elementos de la ficción. Espoleado magníficamente por la voluntad deicida —imitar al Creador, creando una realidad tan numerosa como la que Él creó, es una manera de querer substituir a Dios, de ser Dios—, el divino estenógrafo añade temas, motivos, tomados de la historia de Francia, del paisaje urbano de París, de la problemática religiosa, de la chismografía social, familiar, y, por supuesto, invenciones fraguadas a partir de las obsesiones y pasiones del autor. Pero no se preocupa casi de fundir estos disímiles elementos en un conjunto armonioso. La falta de gradación y dosificación del material puramente informativo y descriptivo —de los contextos— y de la intriga novelesca, da a *Los Miserables* un semblante desproporcionado, algo monstruoso, que —sobre todo hoy, en que la literatura tiende a ser intensiva más que extensiva— intimida al lector. El divino estenógrafo no gradúa por una razón muy simple: en su mundo, como en el del Creador, nada está de más, nada es superfluo, el astro y el guijarro se equivalen como partes complementarias de lo creado. A cada paso se advierte en la novela que si el deicida no se resistiera, la novela no terminaría jamás, acabaría por incorporar el universo de todo lo creado, pues cada uno de sus episodios remite a otros muchos que a su vez suponen otros, en una cadena sin principio ni fin. El enorme añadido histórico de la batalla de Waterloo puede parecer, dentro del contexto novelesco, traído de los cabellos; si se piensa que su sola justificación argumental es el hito mínimo que lo ata a la intriga —que, al final de la batalla, Thénardier rescate al coronel Pontmercy de entre los cadáveres—. Y la larga recapitulación histórica y la prolija descripción de los reglamentos, ritos y costumbres del convento de Picpus y de la Orden de la Adoración Perpetua, pueden parecer una excrecencia elefantiásica si se la compara con la brevedad con que el narrador resume los cinco años que Jean Valjean y Cosette pasan dentro de sus muros. Lo mismo ocurre con la larga digresión sobre las posibilidades de la mierda humana como abono y la historia de las cloacas de París para situar el episodio en que coinciden Jean Valjean, Marius y Thénardier en las catacumbas de la ciudad. Pero ésta es una visión mezquina de la realidad novelesca desde el punto de vista del narrador, para quien —nos lo dice con rotunda convicción— esta novela no es la historia del ex penado y la hija de Fantine, sino «un drama cuyo primer personaje es el infinito. El hombre es el segundo» (II, VII, I, p. 526). La perspectiva en la que se sitúa el narrador para narrar esta historia, no es la de un hombre que mira y describe las evoluciones y miserias de otros hombres, sino la de un Dios que contempla, desde su omnipotencia divina, la historia que ha procreado. Desde esa perspectiva, *todo* es importante, *todo* es igualmente necesario, y la primera obligación de un narrador así colocado no es sintonizar los materiales entre sí, sino reunir el mayor número de ellos a fin de acercarse a esa visión divina «totalizadora» y sugerirla.

Si tenemos en cuenta esta perspectiva deicida en la que se halla, entendemos mejor la ideología del narrador de *Los Miserables*, contaminada de pies a cabeza de este prurito totalizador. La novela, según el divino estenógrafo, no es, como creía Balzac, «la historia privada de las naciones», sino una historia más abarcadora que la de los historiadores, porque éstos sólo registran los hechos importantes, en tanto que para la novela *todo* es importante: los grandes hechos y también los menudos y triviales. Esta idea está maravillosamente concretada en el Capítulo I del Libro III, «El año 1817», en el que el narrador, mediante una enumeración vertiginosa, intenta resucitar todos los componentes humanos de ese año, confundiendo lo mayúsculo con lo minúsculo, lo histórico con lo banal, para concluir con estas instructivas palabras: «He aquí, mezclado, lo que confusamente sobrevive del año de 1817, hoy día olvidado. La historia desdeña casi todas esas particularidades, y no puede hacer otra cosa pues la invadiría el infinito. Sin embargo, esos detalles, que erróneamente se llaman "pequeños" —no hay hechos pequeños en la humanidad, ni hojas pequeñas en la vegetación—, son útiles. La cara de los siglos se compone de la fisonomía de los años» (I, III, I, p. 127). Ésta es una de las ideas más firmes del narrador, varias veces reafirmada a lo largo de la novela y casi siempre con las mismas palabras: «todo» es importante, los detalles y aspectos secundarios tienen la misma valencia humana, moral y social que los más llamativos: «Los hechos que van a ser referidos pertenecen a esa realidad dramática y viviente que el historiador desdeña a menudo, por falta de tiempo y de espacio. Nosotros, en cambio, insistimos en ellos, porque en ellos está la vida, la palpitación, el estremecimiento humano. Los pequeños detalles, ya lo hemos dicho, son, por decirlo así, la hojarasca de los grandes acontecimientos...» (IV, X, II, p. 1.081). Pero donde está más bella y perfectamente expresada esta idea de la totalidad novelesca es en la descripción del jardín de la casa de la rue Plumet, adonde Jean Valjean y Cosette van a esconderse al salir del convento de la rue de Picpus. Todo el capítulo, en el que la prosa y la inspiración del relato alcanzan la calidad artística más elevada, *Foliis ac frondibus*, es un desarrollo de la tesis de que *Rien n'est petit* y de que *Tout travaille à tout* (IV, III, III, p. 904) y de los «flujos y reflujos» de lo infinitamente grande y de lo infinitamente pequeño: «Una larva importa; lo pequeño es grande, lo grande es pequeño; todo está en equilibrio en la necesidad; aterradora visión para el espíritu. Entre los seres y las cosas hay relaciones de prodigio; en este inagotable conjunto, de sol a pulgón, nada desprecia a nadie porque todos necesitan a todos» (IV, III, III, p. 904). No hay mejor descripción de la totalidad novelesca.

Esta visión y esta convicción no son las de un hombre, sino las de un Dios. No delatan la perspectiva espacial y temporal limitadas que, fatalmente, recortan la visión y obligan a discriminar y establecer jerarquías entre las cosas y los hechos, entre las personas y las ideas, sino la de un ser que cuenta con todo el tiempo a su favor y es capaz de abrazar con su mirada esférica, de telescopio y microscopio a la vez, todo el espacio. Sólo cuando se está exonerado de los condicionamientos humanos de tiempo y lugar, se puede advertir la profunda y esencial equivalencia de todo lo existente. Esto se ve todavía más claro si, del plano físico e histórico, nos trasladamos, de la mano del divino estenógrafo, al plano moral…

En su curiosa diatriba-elogio de *Los Miserables*, Lamartine predijo que haría mucho daño al pueblo «disgustándolo de ser pueblo, es decir hombre y no Dios». La sentencia, en un sentido, da en el blanco. Los lectores nos sentimos en inferioridad de condiciones frente a esos personajes sobrehumanos en sus proezas o maldades, y todavía más respecto al narrador, el Dios de la novelaz infinitamente más amplia que cualquiera de nosotros —y que sus criaturas— para evaluar las acciones humanas: «Nadie es un buen historiador de la vida patente, visible, estallante y pública de los pueblos si no es, al mismo tiempo, en cierta medida, historiador de su vida profunda y oculta; y nadie es buen historiador de lo interior si no sabe ser, cada vez que haga falta, historiador de lo exterior» (IV, VII, I, p. 1.007). ¿Qué mejor manera de decir que la novela es la descripción de la totalidad humana y el novelista un ser dotado de omnisciencia, omnipotencia y ubicuidad?

Desde esas alturas sobrehumanas en que está el narrador, las acciones de hombres y mujeres no pueden ser vistas de la misma manera que desde la perspectiva encogida del ser mortal, prisionero de la cronología y de su circunstancia, incapaz por tanto de tener en cuenta todos los desarrollos y consecuencias de los actos. Desde su perspectiva infinita, en cambio, Dios tiene todos los elementos de juicio a la mano, lo que le permite, en el campo moral, una curiosa imperturbabilidad frente al hecho temporal que el hombre, en cambio, víctima o beneficiario inmediato de sus actos, no puede tener. En la realidad ficticia, no siempre las acciones son buenas o malas; a veces son ambiguas o ambivalentes, de significación distinta según el punto de vista. Thénardier, en el campo de batalla de Waterloo, salva al coronel Pontmercy del montón de cadáveres entre los que se halla semisepultado, pero lo hace con la intención de robarle. El narrador-Dios, que lee los pensamientos, sabe que el tabernero de Montfermeil perpetró este acto con un designio avieso, y lo condena. Pero ¿no está justificado que el padre de Marius viva eternamente agradecido al hombre al que debe la vida? Sean cuales hubieran sido las razones por las que actuó así, a él le basta saber que ese hombre lo rescató de entre los cadáveres de sus compañeros y que gracias a ello está vivo. Objetivamente, Thénardier realizó una buena acción, aunque, subjetivamente, fuera mala. El narrador-Dios es consciente de la contradicción, pero no saca de ello la inquietante conclusión de que en la vida humana existe un relativismo moral y que hay valores contradictorios; sólo la subraya para mostrar cuán precario y sujeto a error es el conocimiento que el hombre puede tener sobre los otros hombres y cómo, por ello, su juicio moral es insuficiente y a menudo equivocado. Para Dios, que es espíritu, importa lo espiritual como realidad dominante, y es en la vida íntima, profunda, impalpable, del alma humana, donde sucede lo que de veras cuenta, en tanto que las manifestaciones que ello pueda tener en el mundo exterior, visible, social y objetivo, son algo secundario. Esta idea está claramente expuesta en el «affaire Champmathieu». En esa noche de dudas y tormentos morales que precede a su decisión de entregarse a la justicia para evitar que un inocente sea condenado, Jean Valjean pondera este argumento: ¿debe entregarse aun cuando con ello inflija un daño enorme a Montreuil-sur-mer, que vive gracias a su industria y que se beneficia enormemente con el trabajo que ha creado y con su filantropía? ¿Y si, por salvar a un inocente, arruina a un pueblo? Eso es, por lo demás, lo que pasa cuando Jean Valjean va a la cárcel por cumplir con su conciencia y con Dios: su industria quiebra y cunden el desempleo y la miseria en la que, gracias a él, había sido una comunidad floreciente. Así, pues, servir a Dios puede significar hacer daño a la sociedad. El narrador-Dios lo sabe muy bien, ya que lo cuenta, pero el problema de los «valores contradictorios» no existe para él, pues, desde su perspectiva, no hay mal menor. Hay bien o mal, buenas o malas acciones. Lo ambiguo, lo contradictorio, lo ambivalente son manifestaciones de la limitada condición humana: no existen para la sabiduría divina. Desde esta sabiduría, entregándose, Jean Valjean ha actuado «bien», y si ello le ha significado vencer los escrúpulos que podía tener de causar con su conducta un daño a la comunidad de Montreuil-sur-mer, ello realza su acto, le da mayor nobleza, además de color dramático. Exactamente como sucede en la realidad física, donde, para la visión totalizadora de Dios, lo infinitamente pequeño y lo infinitamente grande son equivalentes, en la realidad espiritual la única división aceptada es la que separa el bien del mal, las intenciones buenas de las pérfidas. Dentro de esta polarización absolutista de las conductas, todos los comportamientos se igualan y se equivalen ante la mirada intemporal y ahistórica de Dios. La idea de valores relativos, condicionados por circunstancias sociales, familiares o individuales, es írrita a Dios; a sus ojos divinos todo ello manifiesta la insuficiencia humana y su defectuosa naturaleza. La acción de Enjolras, por ejemplo, en la barricada, dando muerte fríamente a un individuo para salvar la vida de otros muchos es, para la moral divina, algo bárbaro e inaceptable, porque desde su perspectiva lo que cuenta no es el acto sino su motivación íntima, su raíz abstracta e intemporal, desasida de toda coyuntura, y, desde esta perspectiva, es adjetivo que mueran una persona, cien o mil, apenas una nota pintoresca en el monocorde paisaje moral de los valores absolutos.

Esa creencia en Dios, enfáticamente defendida en el Prefacio filosófico, tiene pues mucho que ver con las características deicidas (es decir, divinas) del narrador epónimo, olímpico, tronante y (sobre todo) totalizador y totalizante de *Los Miserables*. Sin el fundamento de esta creencia en un ser de semejantes características, era imposible que un escritor de mediados del siglo XIX fraguara un narrador para contar su historia dotado de los prodigiosos atributos que hemos visto en el divino estenógrafo. El proceso de invisibilización y disimulación del narrador en la novela comienza, precisamente, con el debilitamiento de la fe, con la degradación de una cierta imagen de Dios o de Dios mismo. Y no es casual que el primer novelista en dar un golpe de muerte al narrador-Dios todopoderoso, omnisciente, omnipotente, ubicuo y visible, sea Flaubert, un escéptico en materia religiosa. La muerte del narrador-Dios es una consecuencia formal, en la ficción, de la muerte de Dios en el corazón de los hombres.

En *Los Miserables* estamos aún, aparentemente, lejos de ese proceso (aunque en realidad está en marcha desde la publicación de *Madame Bovary*), y Dios truena y gobierna, desmesurado y formidable, bajo la piel del divino estenógrafo. La epopeya que éste cuenta en la novela no ocurre realmente en el mundo exterior y objetivo de los actos humanos. El mundo tan prolíficamente descrito y explorado en la novela es apenas un decorado para el drama profundo que el narrador-Dios quiere contar: la redención del hombre, su irresistible y trágica marcha hacia el bien, el rescate de Satán por el Ser Divino. Aunque los versos de *El fin de Satán*, la ambiciosa e inconclusa profecía teológica de Victor Hugo de que, al cabo del tiempo, la infinita compasión divina terminaría por establecer el imperio absoluto del bien —Dios perdonaría a Satán y éste se redimiría a la manera de Jean Valjean—, estaban aún por escribir, en *Los Miserables*, novela que su autor siempre consideró un libro religioso, está ya recónditamente desarrollada aquella tesis audaz, según la cual el pecado, el mal, el sufrimiento y la miseria se eclipsarían un día con el retorno a la gloria divina, por perdón de Dios, de Luzbel, el ángel caído.

VIII. La tentación de lo imposible

Contrariamente a lo que se cree, los comentarios y estudios que mereció *Los Miserables* al aparecer no fueron todos entusiastas; hubo muchas críticas adversas y algunas de ellas, como la de Barbey D'Aurevilly, feroces. La más interesante de estas críticas, por los asuntos que toca y porque, partiendo de la novela de Victor Hugo, se proyecta en consideraciones audaces sobre la ficción en general, es la de Alphonse de Lamartine, un largo estudio* que, acaso sin proponérselo, encara de manera frontal la razón de ser de la ficción en la historia de la humanidad.

Al principio de su ensayo, los reparos de Lamartine a la novela son los de un conservador que ve en *Los Miserables* un texto capaz de alentar el desorden y la revuelta social, y los de un partidario del realismo literario enojado con las exageraciones e inexactitudes del libro en relación con la realidad que pretende recrear. *Los Miserables*, según él, «hace del hombre imaginario el antagonista y víctima de la sociedad». «El Hombre contra la

---

* M. A. de Lamartine, «Considérations sur un chef-d'oeuvre, ou le danger du génie. *Les Misérables*, par Victor Hugo», en *Cours familier de Littérature. Un entretien par mois*. Vol. XIV-XV, París, 1862 (pp. 305-432) y París, 1863, (pp. 5-224).

Sociedad, éste es el verdadero título de la obra, una obra funesta porque al presentar al hombre-individuo como un ser perfecto, hace de la sociedad humana, compuesta de hombres y para los hombres, una síntesis de todas las iniquidades humanas» (p. 306).

La novela, según Lamartine, es una utopía que viene a prolongar la tradición de *La República* de Platón, el *Contrato Social* de Rousseau y de todos los socialistas, desde Saint-Simon hasta Fourier, Proudhon y ¡los mormones!

Entre evocaciones autobiográficas, Lamartine recuerda que, durante la Revolución de 1848,[*] Victor Hugo publicó un manifiesto «conservador» que a él le pareció muy sensato. Ataca a «demagogos y utopistas» y señala que *Los Miserables* lleva a cabo «una crítica excesiva, radical y a veces injusta de la sociedad, algo que puede inducir al ser humano a odiar aquello que lo salva, el orden social, y a delirar por aquello que es su perdición: el sueño antisocial del *ideal indefinido*». La *indefinición* ideológica le parece el aspecto más negativo del utopismo de la novela.

El título, asegura, es falso, porque sus personajes no son miserables, sino *culpables* y *perezosos*. En la novela casi nadie es inocente, ya que nadie trabaja. Se trata de una sociedad de ladrones, licenciosos, vagos, mujeres de la vida y vagabundos. Ni siquiera cuando actúan, los personajes tienen claras las motivaciones que inspiran sus conductas. Por ejemplo, si se preguntara a Marius por

* En la que Lamartine desempeñó un papel central.

qué está en la barricada, no sabría qué responder: «*Par ennui*», tal vez (por tedio), pero no «por opinión».

La novela es una «epopeya de la canalla», «una obra maestra de la imposibilidad» (p. 364). A partir de aquí, las críticas de Lamartine, sin dejar de ser políticas y literarias, van extendiéndose a planos religiosos y filosóficos, y, desbordando el tema exclusivo de la novela de Victor Hugo, entran en el meollo de las relaciones entre la ficción y la historia, y la manera como aquélla influye sobre la vida y la sociedad.

Los Miserables hará mucho daño al pueblo «disgustándolo de ser pueblo, es decir hombre y no Dios». Lamartine simula una conversación con un «forzado condenado a muerte» a quien había hecho leer la novela. Ambos opinan que Jean Valjean es un monstruo por robar al buen obispo y al niño saboyano, y ambos acusan al libro de exageración e irrealidad, algo que, sin embargo, dándole un viso realista, el «talento» de Victor Hugo consigue hacer tragar al lector como verosímil.

Aunque el personaje de monseñor Bienvenu le parece «ejemplar», Lamartine se indigna con el episodio en que aquél y el Convencional G conversan, un diálogo que a su juicio es «una deificación del terrorismo». Y refuta con energía esa «matemática abstracta» que justifica los crímenes cometidos por el Terror jacobino en el año 1793 por los crímenes de que fueron víctimas los pobres en el pasado. ¿Acaso las clases son las mismas a lo largo del tiempo? ¿No rotan y cambian? Semejante tesis significa «adular al pueblo en sus más bajos instintos», es como decirle: «Tienes derecho a la cólera, mata y luego vendrán escritores como Victor Hugo y Joseph de

Maistre que, desde doctrinas diferentes, demócrata uno y autócrata el otro, justificarán tus matanzas con teorías».

Acusa a monseñor Bienvenu de ignorancia por criticar los impuestos «que son el diezmo que paga el rico al pobre para nivelarlo». Si se abolieran, la víctima sería el proletario que recibe salario de las rentas del Estado y si se suprime «el lujo», es decir el consumo, desaparecería la producción y las víctimas serían los productores, campesinos o urbanos.

Está bien que Victor Hugo se sintiera tentado por el tema de las miserias humanas, como ha ocurrido con tantos escritores desde Job, pero ¿por qué acusar a la sociedad de todas las miserias? «¿Ha creado la vida la sociedad? ¿Ha inventado ella la muerte? ¿Es ella, por último, la que produjo la desigualdad, inexplicable pero parte orgánica de la naturaleza y de la condición humana? No, no ha sido ella, sino Dios. Compadecerla, sí, aconsejarla, bueno; pero, acusarla, no, porque es irreflexivo y bárbaro» (pp. 429-430). «Sembrar el ideal y lo imposible, es sembrar el furor sagrado de la decepción entre las masas» (p. 431).

El capítulo de *Los Miserables* titulado «El año 1817» le parece a Lamartine una traición. ¿Por qué los sarcasmos y burlas contra las desdichas de «los príncipes que protegieron la infancia» del propio Victor Hugo? Y Lamartine le recuerda al autor de la novela que Chateaubriand alguna vez lo llamó «niño sublime».

La escena de los estudiantes bohemios y sus jóvenes amantes —entre las que está Fantine— le parece un fracaso total. Le gusta la escena de las niñas Thénardier columpiándose; pero, en cambio, las desventuras de la madre de Cosette —en particular, que venda sus dientes y sus cabellos— le resultan melodramáticas y falsas. La novela «torna a lo inverosímil por el camino de lo atroz».

Señala, como ejemplo de inverosimilitud, que se condene a Monsieur Madeleine a ir a galeras: «El mundo no está hecho así». Es uno de los críticos indignados de que Victor Hugo estampara con todas sus letras el *«Merde!»* de Cambronne, y, sobre todo, que llamara a esta palabra «la más bella» de la lengua francesa: «El narrador se desquicia hasta confundir lo innoble con lo sublime» (p. 66). «Esa palabra adula la trivialidad de una muchedumbre sacudida de rabia, que, incapaz de encontrar una palabra, arroja el excremento al rostro del destino; eso es una demagogia gramatical que, empeñada en que todo se le parezca, arrebata al soldado y al pueblo una reliquia inmortal, para reemplazarla por… una bestialidad» (pp. 77-78).

Según Lamartine, lo más débil de la novela es lo novelesco: «Toda aquella parte novelesca que sale de acontecimientos arbitrariamente inventados por las necesidades del drama, es la parte débil de la novela. Cada vez que el autor necesita un personaje, lo llama del fondo de la nada, como en los cuentos de hadas o como en los cuentos de Voltaire, y el personaje obedece, contra toda verosimilitud, a la llamada del escritor» (p. 84).

Acusa a Victor Hugo de palabrería, de hacer una «exhibición de ciencia sobre naderías». Reconoce en Marius, joven, un autorretrato del autor y considera la descripción de los amores de Cosette y Marius «el más delicioso cuadro de amores» que Victor Hugo haya escrito.

En cambio, le parece ridículo que se titule «Epopeya de la rue Saint-Denis» a «una fantasía heroica de estudiantes ociosos… que no tienen una idea definida, ni medios practicables, ni un objetivo confeso y confesable».

Sobre esta «epopeya» añade que los rebeldes se baten por algo que nadie sabe lo que es, un enigma «que no es ni la monarquía legítima, ni la realeza de ocasión de 1830, ni la república propiamente dicha, ninguna forma definida de gobierno, sino yo no sé qué, algo que se llama a veces la democracia, a veces el ideal, en realidad la bandera roja» (p. 149, vol. V).

En resumen, para Lamartine *Los Miserables* es una historia dramática, exagerada, truculenta, llena de «quimeras» sociales y políticas, una novela que no sobreviviría si no fuera por el enorme talento verbal y la fuerza lírica de Hugo, capaces de dar un semblante verosímil a esas «irrealidades».

De estas premisas, Lamartine concluye que esta novela es «peligrosa» para el pueblo por su «exceso de ideal»: «El libro es peligroso, porque el peligro supremo en lo relativo a la sociabilidad consiste en que si el exceso seduce al ideal, lo pervierte. Apasiona al hombre poco inteligente por lo imposible: la más terrible y la más homicida de las pasiones que se puede infundir a las masas, es la pasión de lo imposible. Porque todo es imposible en las aspiraciones de *Los Miserables*, y la primera de esas imposibilidades es la desaparición de todas nuestras miserias» (p. 186). «Si engañáis al hombre lo enloqueceréis; y cuando, desde la locura sagrada de vuestro ideal, lo dejéis caer de nuevo en la aridez y la desnudez de sus miserias, lo convertiréis en un loco furioso» (p. 187).

Sus últimas palabras son un ataque frontal a la convicción del narrador de que es posible «un progreso sin límites». Este optimismo desconoce «la fuerza de las cosas», es decir, las limitaciones connaturales a la condición humana.

Lo que comenzó siendo una crítica literaria termina como una recriminación político-social de todo un género al que Lamartine, no lejos de los razonamientos de los inquisidores españoles del siglo XVI, que prohibieron que se publicaran novelas en las colonias americanas,* acusa de desasosegar anímicamente a las «masas» haciéndoles concebir aspiraciones y deseos que están fuera del alcance de los mortales y convertirse de este modo en una fuente de rebeldía y trastorno social. Lamartine, en su enjundioso ensayo, cree enfilar sus dardos contra un blanco preciso: esa prodigiosa construcción novelesca que, debido al sobresaliente talento de su autor, es capaz de hacer creer a los lectores que un ser humano puede alcanzar la desmedida altura moral y la capacidad de sacrificio de un Jean Valjean o la bondad seráfica de un monseñor Bienvenu, esas «irrealidades» románticas. Pero, en verdad, su argumento vale para toda ficción lograda, aun aquella, sin el vuelo y la envergadura

* Véase en Martín de Riquer, *Para leer a Cervantes*, Barcelona, El Acantilado, 2003, p. 106, la referencia a la real cédula del 4 de abril de 1531 prohibiendo «pasar a las Indias libros de romances, de historias vanas o de profanidad» y a la real cédula dirigida a la Audiencia y Chancillería del Perú del 29 de septiembre de 1543 reiterando la prohibición con el argumento de que aquellos libros podían apartar a los indios de la religión.

de *Los Miserables*, que, siendo de horizonte menor, es capaz, gracias a su poder de persuasión, de transportar al lector a un mundo más coherente, más bello, más perfecto, o simplemente menos aburrido y penoso que en el que vive. Esa operación, según Lamartine, puede convertir al hechizado lector de ficciones —una vez que la lectura termina, el hechizo se rompe y comprueba que la realidad vivida no estará nunca a la altura de la soñada— en un «desquiciado», en un rebelde furioso, en un enemigo del orden establecido.

El reproche de Lamartine a Victor Hugo me recuerda una afirmación que encontré en un libro del historiador Eric Hobsbawm, según la cual lo que más temían los príncipes alemanes en sus súbditos era «el entusiasmo», porque éste, a su juicio, era simiente de agitación, una fuente de desorden.[*] Lamartine y los príncipes alemanes tenían razón, por supuesto. Si el objetivo propuesto es mantener la vida social dentro de cánones estrictos, sumida en un orden inmutable semejante al astral o al de la trayectoria de los trenes, el «entusiasmo» y la alucinación o espejismo transitorios que produce una ficción lograda, es un enemigo potencial, un imprevisto que puede desorganizar la vida, sembrando la duda

---

[*] «Desde el punto de vista de la institución esencialmente conservadora, el ideal radica en la obediencia, no en el entusiasmo, cualquiera que sea la naturaleza de éste. No en vano la regla de oro de todo príncipe reinante en los pequeños estados alemanes era: *Ruhe ist die erste Bürgerpflicht* (la tranquilidad es el primer deber del ciudadano)». E. J. Hobsbawm, *Rebeldes primitivos*, Barcelona, Editorial Ariel, 2da. edición, 1974, p. 181.

y la discordia y estimulando el espíritu crítico, disolvente susceptible de causar múltiples fracturas en la arquitectura social.

Lamartine tenía razones para considerar como una enfermedad peligrosa que se contagiara a las masas «la pasión de lo imposible», pues había pagado esta «pasión» en carne propia. A lo largo de su vida, él y Victor Hugo mantuvieron relaciones de amistad y de respeto mutuo, y, por ejemplo, Lamartine fue uno de los valedores con que contó el autor de *Los Miserables* en sus intentos de ingresar a la Academia Francesa hasta que, a la quinta vez, lo consiguió. La correspondencia entre ambos revela una recíproca cordialidad y admiración literarias. Ambos tenían muchas cosas en común: talento, facilidad, amor a la política y al éxito social y ambos consiguieron en vida buena parte de lo que se propusieron. Pero Lamartine llegó al pináculo del poder político, aunque por brevísimo tiempo, algo que Victor Hugo nunca conoció. Lamartine fue uno de los héroes cívicos de Francia a la caída de Louis Philippe, en febrero de 1848, y jefe del gobierno provisional que proclamó la República. Fue asimismo el diputado más votado en las elecciones de abril para la primera Asamblea Nacional. Como uno de los cinco miembros del poder ejecutivo, debió hacer frente al gran levantamiento de fines de junio de 1848 de un pueblo ganado por el entusiasmo revolucionario que reprochaba a sus gobernantes no estar a la altura de sus expectativas. Este episodio cortó de golpe su protagonismo político. El paso de Lamartine por el poder fue fugaz: de febrero a junio de 1848. Para hacer frente a las «masas» que sembraron París de barricadas, el gobierno del que formaba parte concedió poderes especiales al ministro de la Guerra, el general Cavaignac, quien ahogó el levantamiento en sangre, con fusilamientos masivos y una represión feroz. Se comprende que desde entonces, Lamartine, cuya estrella política no volvería a levantarse después de aquel fracaso, contrajera una desconfianza visceral hacia todo aquello que —como, a su juicio, hacía la ficción— podía dar a las masas la tentación «de lo imposible».

Aunque es difícil dar la razón a Lamartine en muchos de sus juicios sobre *Los Miserables*, porque es evidente que muchos de estos juicios son injustos o exagerados, también es preciso señalar que en su estudio de la novela de Victor Hugo hay una intuición muy certera de la naturaleza de la ficción literaria y de la manera como ésta repercute en la vida de los lectores y, por lo tanto, en la marcha de la sociedad. Él concentra sus reproches en *Los Miserables*, donde advierte un peligro que no ve en otras obras por la sencilla razón de que éstas carecen de la desmesurada ambición con que ha sido escrita la obra de Victor Hugo, una novela que por sus dimensiones parece competir con la realidad de igual a igual, oponiendo a la vida una ficción «total».

Lo cierto es que, aunque en menor escala, todas las ficciones hacen vivir a los lectores «lo imposible», sacándolos de su yo particular, rompiendo los confines de su condición, y haciéndolos compartir, identificados con los personajes de la ilusión, una vida más rica, más intensa, o más abyecta y violenta, o simplemente diferente de aquella en la que están confinados en esa cárcel de alta seguridad que es la vida real. Las ficciones existen por eso y para eso. Porque tenemos una sola vida y nuestros deseos y fantasías nos exigen tener mil. Porque el abismo entre lo que somos y lo que quisiéramos ser debía ser llenado de alguna manera. *Para eso nacieron las ficciones:* para que, de esa manera vicaria, temporal, precaria y a la vez apasionada y fascinante, como es la vida a la que ellas nos trasladan, incorporemos lo imposible a lo posible, y nuestra existencia sea a la vez realidad e irrealidad, historia y fábula, vida concreta y aventura maravillosa.

Basta que una ficción sea lograda y suma a los lectores en la ilusión para que este milagro se produzca. Que Lamartine lo advirtiera *sólo* en *Los Miserables* era una manera de reconocer en esta novela una empresa mayor, una creación que por su irresistible poder de persuasión podía, a través de los lectores desasosegados por sus páginas, convertirse en una fuerza desquiciadora de la sociedad como aquella que, en junio de 1848, desempedrando las calles de París para armar barricadas, acabó con su liderazgo político.

Los temores de Alphonse de Lamartine harán sonreír ahora a muchos. ¿Quién cree en nuestros días que una gran novela puede subvertir el orden social? En la sociedad abierta de nuestro tiempo ha arraigado una idea de la novela en particular, y de la literatura en general, como una forma (si se quiere, superior) de entretenimiento y diversión, un quehacer que enriquece la sensibilidad, estimula la imaginación, pero, sobre todo, hace pasar un buen rato a los lectores, desagraviándolos de la aburrida rutina y las sórdidas preocupaciones cotidianas. Como no hay manera de probar en términos prácticos que las más notables obras maestras, desde las tragedias de Shakespeare hasta las novelas de Faulkner, pasando por el *Quijote* o *La guerra y la paz* hayan provocado el menor trastorno político y social, esta idea de la literatura como una actividad entretenida e *inofensiva* ha acabado por lograr una aceptación generalizada en las sociedades abiertas de nuestro tiempo.

¿Ocurre lo mismo en las sociedades cerradas, de cualquier índole, sean religiosas o políticas? No sólo los inquisidores españoles tenían una instintiva desconfianza a las novelas, como factores de inestabilidad de los espíritus y socavadores de la fe. En verdad, todas las dictaduras que en el mundo han sido han impuesto sistemas de censura para la creación literaria, convencidos de que la libre invención y circulación de ficciones podía poner en peligro el régimen establecido y erosionar la disciplina, es decir, el conformismo social. En esto, fascistas, comunistas, fundamentalistas religiosos y dictaduras militares tercermundistas son idénticos: todos están convencidos de que la ficción no es, como se cree en las ingenuas democracias, una mera diversión, sino una mina intelectual e ideológica que puede estallar en el espíritu y la imaginación de los lectores, tornándolos rebeldes y disidentes. La Iglesia católica estuvo de acuerdo con Lamartine y encontrando a la novela de Victor Hugo peligrosa para la salud de los creyentes, la puso en el Index de libros prohibidos en 1864.

Las dictaduras exageran su susceptibilidad y eso no es de extrañar pues un rasgo prototípico de todo poder autoritario es la paranoia, vivir en el sobresalto y la desconfianza permanentes hacia todo y hacia todos, viendo enemigos por doquier y, si no existen, inventándolos a fin de justificar la censura y la represión que le infunden una sensación de seguridad.

Exageran, pero no se equivocan. La literatura, una vez que en una sociedad quedan segadas todas las vías a través de las cuales los ciudadanos pueden en las sociedades abiertas expresar sus opiniones, sus anhelos o manifestar sus críticas —los órganos de prensa, los partidos políticos, las consultas electorales—, se carga automáticamente de significados que desbordan lo estrictamente literario y pasan a ser políticos. Los lectores leen los textos literarios entre líneas y ven (o quieren ver en ellos) lo que no encuentran en los medios de comunicación convertidos en órganos de propaganda: las informaciones escamoteadas, las ideas prohibidas, las protestas y condenas impedidas. Quiéranlo o no sus autores, en semejantes circunstancias, la literatura empieza a cumplir una función subversiva, de acoso y derribo de lo existente.

¿Por qué subversiva? Porque los mundos bellos e ideales —«imposibles», como diría Lamartine— en que una ficción lograda transporta a los lectores, revelan a éstos, a contrapelo, las imperfecciones del mundo en el que viven y los enfrentan a esta evidencia: que la vida «real» es pequeña y miserable en comparación con las espléndidas realidades que construyen las ficciones logradas, en las que la belleza de la palabra, la elegancia de la construcción y lo efectivo de las técnicas hacen que incluso lo más feo, bajo y vil resplandezca como logro artístico.

No es precisamente un «entusiasmo» sino un malestar lo que dejan las buenas ficciones en el espíritu de los lectores que contrastan aquellas imágenes con el mundo real: la sensación de que el mundo está mal hecho, de que lo vivido está muy por debajo de lo soñado e inventado. Nadie dice que de esta comprobación resulte, de manera inevitable y automática, el «entusiasmo» por la acción, la voluntad de movilizarse de alguna manera para cambiar la sociedad, sacarla de su inercia y acercarla a los mundos modélicos de la ficción. Pero no importa que nada de esto ocurra; aquel malestar es de por sí subversivo bajo un régimen que aspira a controlar al individuo entero (el que actúa, el que piensa y el que sueña) y que siente que, debido a las ficciones, los pensamientos y las fantasías de los ciudadanos se emancipan de su control, aunque sus actos públicos todavía le sean dóciles. Pensar y soñar sin orejeras es la manera como los esclavos empiezan a ser indóciles y a descubrir la libertad.

Lamartine, sin saberlo, y queriendo más bien hundir a la novela de Victor Hugo en el descrédito, rindió un soberbio homenaje a *Los Miserables*. Porque difícilmente se puede elogiar más la empresa creadora de un escritor que diciendo de ella que la fuerza contagiosa que emana de sus páginas es tan grande que puede arrebatar el recto raciocinio de sus lectores, convenciéndolos de que sus quiméricas aventuras, sus desmedidos personajes, sus truculencias y delirios son ni más ni menos que la verdadera realidad humana, una realidad posible y alcanzable, que los malos gobiernos y las malas artes de los malvados que detentan los poderes terrenales han birlado a los seres humanos a los que explotan y dominan, pero una realidad que éstos pueden recuperar, materializar, ahora que la conocen y la han visto y tocado en la lectura, si, animados y urgidos por ella, deciden actuar.

No hay manera de demostrar que *Los Miserables* haya hecho avanzar a la humanidad ni siquiera unos milímetros hacia ese reino de la justicia, la libertad y la paz al que, según la visión utópica de Victor Hugo, se encamina. Pero no hay la menor duda, tampoco, de que *Los Miserables* es una de esas obras que en la historia de la literatura han hecho desear a más hombres y mujeres de todas las lenguas y culturas un mundo más justo, más racional y más bello que aquel en el que vivían. La mínima conclusión que de ello se puede extraer es que si la historia humana avanza, y la palabra progreso tiene sentido, y la civilización no es un mero simulacro retórico sino una realidad que va haciendo retroceder la barbarie, algo del ímpetu que hizo aquello posible debió de venir —sigue viniendo todavía— de la nostalgia y el entusiasmo que contagian a los lectores las gestas de Jean Valjean y monseñor Bienvenu, de Fantine y Cosette, de Marius y Javert y de quienes los secundan en su viaje en pos de lo imposible.

Lima, 3 de febrero de 2004

Índice

Prólogo: Victor Hugo, océano 11

   I. El divino estenógrafo 23

  II. La vena negra del destino 49

      La ley del azar o el orden de la casualidad 49
      Las ratoneras-imanes 56
      La emboscada de la *masure* Gorbeau 59
      La barricada de la Chanvrerie 61
      Las cloacas de París 64
      La libertad escurridiza 69

 III. Los monstruos quisquillosos 75

      El personaje sin cualidades 76
      El santo 81
      El justo 85
      Un mundo puritano 92
      El fanático 98
      Ángel de cara sucia 103
      Personajes colectivos 107

IV. El gran teatro del mundo 111

    Adjetivos para el espectáculo 114
    El gesto, la belleza y la vida 117
    Luces y sombras 121
    Decorados 123
    El vencedor de Waterloo 124
    La podredumbre humana 125
    La vida como ficción 130

V. Ricos, pobres, rentistas, ociosos
   y marginados 133

    Idealismo reformista 139
    Los justos 143
    La sociedad rehecha 148
    Las víctimas: el penado y la mujer 151
    Fuente del mal social: la Justicia 154
    Monstruo estúpido y cruel 156

VI. Los civilizados de la barbarie 165

    ¡Viva la muerte! 166
    Progreso a ritmo lento 169
    Victor Hugo y la insurrección de 1832 173

VII. Desde lo alto del cielo 183

    La enumeración del infinito 185
    Una tentativa imposible 192
    La novela total o la voluntad deicida 195

VIII. La tentación de lo imposible 205